教師のNG思考

不正解から考える自分の伸ばし方

土居正博

東洋館出版社

はじめに

教育の世界には絶対的な正解などありません。

教師として成長していくために、「これが絶対正解である」というものもないと思います。

また、様々な手法の中から「これが絶対正解である」というような手法もないと思います。なぜなら、教師は一人ひとり個性があり、みんな違いますし、子ども達も一人ひとり違うからです。

それなのに、例えば「この教材はこのように扱わなくてはダメだ」などと正解を決めつけるのはあまりにも危険です。もしそんなことになってしまったら、子ども達を枠に当てはめる窮屈な実践しかできなくなってしまいます。

教育の世界では、様々な「正解」があって良いと、多様性が尊重されていることによって、様々な実践が創られ、それらが積み重なってきて現在に至るのだと思います。

しかし、いくら様々な正解があっていい、と言っても、「不正解」は存在するのではないか、というのが私の考えです。

私はこれまで、ありがたいことに力量の高い様々な先輩方と接する機会を頂いてきました。尊敬する先生方と接し、お話をさせて頂いて、共通項があることに気づきました。それは、お一人お一人の考え方や主張、手法は違えども、「不正解」としている考え方・捉え方や手法があるのではないかということです。例えば、本書でも挙げている「他責思考」。これは責任を自分以外の子どもや保護者に転嫁してしまう思考のことですが、力量の高い教師でこの思考をしている方に私はお会いしたことがありません。

こうした背景から、教師として成長していくには、子どもをしっかり成長させていける教師になっていくには、無数に存在する「正解」を探し求めるよりも、「不正解」を見つけそれを排していく方が近道ではないかと考えるようになりました。本書ではその「不正解」を「NG思考」と名付け、それを私の経験と共にご紹介していきます。私自身も振り返ってみると「NG思考」を排することで成長してこられたように思います。

本書をお読みになった先生方の、教師としての「考え方・捉え方」が研ぎ澄まされていくことに本書がその一助になれれば幸いです。

土居　正博

2 手段の目的化思考

3「横並び・安定・事なかれ」思考

6 学校内価値過大視思考

なぜ「NG」なのか

本書は「こうすればうまくいく」という「正解」ではなく、「こういう考え方・やり方は明らかにうまくいかない」という「不正解（NG）」を集めた本です。

それでは、なぜ「不正解（NG）」なのでしょうか。序章では、その意義について述べていきたいと思います。

端的に言えば、教育の世界に「絶対的な正解」が存在しないからです。

それは教師としての物事の「考え方・捉え方」にも、教師として目の前の子どもに対して実際に実践していく「手法」にも共通して言えることです。

教育の世界には無数の考え方や手法が存在しています。それらが子どもの事実と一緒に「こうすればうまくいく」と論じられ、「正解」だとそれぞれ主張されています。それはそれで本当に「正解」であったのでしょう。ただし、その著者の力量でその著者の目の前の子ども達の実態、という特別な状況下における「正解」です。もちろん、それが読者にとっても「正解」になることもあるでしょうが、そうではない場合も多くあります。このように、教育の世界の「正解」は無数にあり、そして実は不確かなのです。

例えば、「子どもを叱る」ということ一つとっても、「正解」は無数に存在します。「しっかり叱ることで子どもの信頼を得られる」と主張する先生もいる一方、「子どもを叱るというのはコントロールすることに繋がり、結果的に子どもを自立させることはできない」と主張する先生もいます。そのどれもが「正解」として語られます。そして、ある意味そのどれもが「正解」とも言えるのです。

また、私が初任者の時、ある先輩から次のようにアドバイスされました。「とにかく子どもと遊んで好かれるようにすればいいんだよ」と。私は言われたとおりにしました。確かに効果はありました。しかし、ある日ほかの先輩からは、「とにかく授業が大切だよ。教材研究をしっかりするんだ」とアドバイスされました。私は迷ってしまいました。結局何が「正解」なのだろう、と。今振り返ると、どちらも「正解」なのです。ただし、それぞれの先輩にとっての、です。私にとっての「正解」である保証はないのです。子どもとの関係や学級経営を重要視する先生にとっては前者のアドバイスこそ「正解」でしょうし、何よりも授業を重要視する先生にとっては後者のアドバイスこそ「正解」ということになります。

このように考えると、教師が子どもを伸ばしていけるようになる、つまり教師として成長していくには、「正解」は無数にあり、そしてそれは確実とは言えないことが分かってきます。一方、「不正解」はどうでしょうか。この場合の「不正解」こそ、このような「捉え方・考え方」をしていては教師は伸びないという「ＮＧ思考」や、こういう「手法」をとっていてはいつまでも子どもも教師も伸びないという「ＮＧ手法」のことです。

私は、「正解」に共通性や普遍性は少なくとも、「不正解」にはそれらが多くあるのではないかと考えています。つまり、力量の高い教師が意識的、無意識的を問わず、避けて排している「不正解」にこそ共通性や普遍性があるのではないかということです。

その「不正解」の最たる例が1章で挙げる「他責思考」という思考です。私は、力量の高い教師で「子どものせいにする」思考の教師に出会ったことがありません。ほかにも、例えば「子どもを怒鳴る」という手法に関しても、これを多用する教師は力量が高くないと言わざるを得ないと思います。このように、「NG思考」や「NG手法」に関しては、その多くがどの教師にも共通して「不正解」であると言えるのではないでしょうか。

「不正解」を設定し、それを避けることで力量が高まっていく

私がこのように「正解」ではなく「不正解」に注目するようになったきっかけがあります。それは私が尊敬する群馬県の深澤久先生のご著書『鍛え・育てる——教師よ！「哲学」を持て——』（日本標準）にある、次の文章を読んだことです。

するとこういう場面にはこうした指導をしても効果がない、という〈禁じ手〉が見えてくる。

これが大事なのだ。

なぜか？

〈禁じ手〉を自覚すれば、取るべき指導群の選択肢が限定されるからである。

（中略）

失敗例から学ぼうとせず”うまくいった“事例をマネしようとする教師がいる。

自分の頭で考えようとせず、すぐに他者の”うまくいった“事例をマネしようとする教師がいる。

「他者の実践群のつぎはぎ」で教育活動を展開している教師すらいる。

これではダメなのだ。

〈禁じ手〉の自覚と蓄積が、自己鍛錬の証拠である。

自己鍛錬を積んだ教師は、〈禁じ手〉を自覚している。

最悪の指導群・効果のない指導群を拒絶する「力」を持っている。

〈禁じ手〉の自覚と蓄積―これは教師の上達論として重要な方法論である。

自他の実践群から、〈禁じ手〉を学び取っていく事である。（同書pp.113-114）

この文章を読んだ時、初めはあまり意味が分かりませんでした。この本を読んだのは私が教師2年目の時です。当時は躍起になって「正解」を探し集めている時でした。そんな時に「禁じ手を学び取るとは？」と疑問をもったことを覚えています。それから経験を重ねていくと、この深澤先生のおっしゃっていることが理解できるようになっていきました。

ここで言う「禁じ手」とは「NG手法」のことであり、まさに「不正解」です。絶対的な正解はなく、なおかつその場その場の状況や子どもの状態に大きく左右される状況依存的な側面の大きい教育現場での実践において、「正解」を蓄積していくことよりも、「不正解」を蓄積し、「こういう場合に、こういう手法は全く意味がない」ということを知り、それを避けることで自身の力量を高めていくべき、というのが深澤先生のご主張だと私は捉えています。

我々教師は、自分の実践でうまくいったものを振り返りがちです。しかし、それだけでなく、自身の失敗こそしっかり振り返り、そこから「これは効果がない」とか「これはダメだ」という「不正解」を自分の中に蓄積していくことは、非常に重要な上達論なのです。

「NG思考」は「NG手法」を生み出すもとになる

ここまでで本書がなぜ「NG思考」という「不正解」をわざわざ論じたのかということがお分かりいただけたことと思います。

最後に、なぜ本書では「NG思考」と「NG手法」という「不正解」のうち「思考」の方に特に焦点を当てたかということについて述べたいと思います。

理由は二つです。

第一に、教師の「思考」から、「手法」が生み出されたり、採用する「手法」が選択されたりする、と私は考えたからです。

先ほど引用した深澤先生のお言葉には「禁じ手」とありました。これは明らかに「NG手法」の方を指しています。「NG手法」には、例えば「怒鳴る」とか「直接的に説教する」などが挙げられるでしょう。それではこれらの手法が生み出されたり、教師の頭の中で選択されたりする大元は何でしょうか。それこそ「NG思考」だと思うのです。教師は状況に合わせて頭の中で様々考え、その時とる「手法」を選択しています。そこに大きく関与しているのが、教師として物事をどのように考え、捉えているかという「思考」法です。

このように考え、「NG手法」を絶つには、その大元である「NG思考」を絶つのが早いのではないかという結論に至り、本書では、「NG思考」に焦点を当てることにしたのです。ですから、本書では「このような考えだとうまくいかない」「このような思考だと子どもも教師も伸びない」という「NG思考」を紹介していきます。私の経験や失敗談にも触れていきます。その中でどうしても「NG思考」だけを切り取ることはできず、そこから生み出されたり選択されたりした「NG手法」も自然と紹介することになると思います。それだけ、教師にとって「思考」と「手法」は切っても切り離せない関係なのです。

第二に、「NG思考」はより自覚されにくいからです。

「NG手法」はどちらかというと、まだ自覚されやすいと思います。例えば「怒鳴る」ということはあまりよくない、長い目で見るとあまり効果はない、という手法なのは多くの教師が気づいています。それでも時には使ってしまうので、そうすると「あぁ今日は怒鳴ってしまったなぁ」なんて凹むことがあります。なぜ凹むかといえば「NG手法」だと気づいているからです（中には、NGだと気づかず多用している教師もいますが……）。

一方「NG思考」は、なかなか自覚されにくいものです。例えば「手段の目的化思考」は、実践している最中はなかなか気づくことはできません。自覚されにくいということは、放っておくとずっとその思考に陥ったまま教師人生を過ごしていくことになりかねないということです。なので、本書で私が自身の経験から気づくことのできた「NG思考」をご紹介していくことで、お読みになられた先生方がご自身の思考法を振り返って頂く機会になるのではないか、そしてそのような機会を提供できる本は意義があるのではないかと考えました。

このような二つの理由から本書では「NG思考」を中心に論じていくこととします。

それでは、次章からいよいよ具体的な「NG思考」の紹介に入っていきましょう。

1 他責思考

他責思考とは

他責思考とは、何か物事がうまくいかない時、その原因を自分ではない他者などに求める思考のことです。

誰かのせいにする……。

これは、教師はおろか、ほかのどんな職業に就いていても、ＮＧ思考なのは自明のように思えます。

実際、この他責思考の強い教師は全然力量が伸びません。

うまくいかないことを他者のせいにして、自分の力量を高めることに目が向かないからです。

自分の力量の低さが原因だと思わなければ、自分の力量を高めようと思うわけがありません。ここまでは少し想像すれば分かることでしょう。

大事なのはここからです。

教師は、教師になるくらい真面目な人ですから、最初から子どものせいにしたくてしているわけではありません。それにもかかわらず他責思考に陥ってしまうことが多々あります。

つまり問題は、他責思考に陥ってしまっても、それに気づかないことが多い、ということです。無意識のうちに他者のせいにしていることが多いのです。

無意識ですから、それに気づいて意識していかなくては、知らず知らずのうちに他責思考に陥っていて、自分の力量を高められずに年だけを重ねていく……という恐ろしい事態もあり得るのです。

本章では、教職における他責思考について、具体例を挙げながら見ていきましょう。

意識せずに、他責思考になってしまっていることはありませんか？

テストの点数が悪いのは子どものせい？

「子どものせいにしてはいけない」

この言葉は何度も耳にしているはずです。

しかし、伸びない教師は、この思考を無意識のうちに行ってしまっています。

その一つが、業者テストの点数が低くても全く気にしないということです。

全く気にしないということは、自分のせいだと思わず、子どもの能力の低さから仕方のないことだと無意識に認めているということになります。

その教師による指導の効果が薄い年度初めのテストならまだしも、年度の中盤、終わりになってもこのような思考をしていてはいけません。

このように書くと、必ず「テストの点数は基準の一つに過ぎない。自分はテストの点数を取らせるために授業をしているのではない」などと言う人がいます。

「テストの点数を取らせるために授業をしているのではない」。これは確かに一理あります。

現行の学習指導要領では、「主体的・対話的で深い学び」が求められます。テストではかれるのは求められている力のごく一部でしかありません。

しかし、業者テストの点数も取らせられないのでは話にならない、と考えるべきです。業者テストは日本全国の平均点が80点以上になるように作られています。

そのテストがクラス平均で60〜70点になったり、20点とか30点を取る子がいたりするようでは、教え方に問題があったと言わざるを得ません。

たとえ授業中に対話が盛り上がっていたように見えたとしても、業者テストも解けないようでは、ついた力があまりにも偏っている、あるいは貧弱です。その上で「深い学び」が実現するとは思えません。

それなのに、採点をしながら「うちのクラス、本当に勉強できないからなー」などと言って、全く気にしないようではいけません。

これこそ、子どものせいにしている、子どもの能力のせいにしているということにほかならず、他責思考だからです。

子どもに申し訳ない……という気持ちにならなくてはいけません。

教師にとっては「たかがテスト」、子どもにとっては「されどテスト」

教師にとっては、単に評価をつけるためにテストをしていて、「学校のテストなんてできなくても、全く問題ないよ」くらいの軽い気持ちで捉えているのかもしれません。だから、子どもが悪い点数を取っても別に何とも思わないのかもしれません。

しかし、子どもにとっては、テストはそんなに軽いものではありません。小学生にとって、テストは自分ができるようになったのかを試される少ない機会です。

特に、学習が苦手な子にとって、テストは大嫌いなものです。

解答欄を埋められないスカスカなままのテストは、「自分はできないんだ」と思わされるのに十分な威力をもちます。

そのような思いを毎回させてしまっているとしたら、それは指導している教師の責任が大きいのです。

もちろん、学習障害などで著しく学習が積み重なっていかない子もいます。それでも、担任している間は、「業者テストくらいはどうにか頑張ってやってみようと思えるくらいにしたい」という姿勢でいるべきです。

ですから、私は学習が苦手な子ほど、テストでしっかり点を取らせることにこだわって指導するようにしています。

学習が得意な子は、業者テストになど苦しみません。テストに関しては放っておいても満点やそれに近い点数を取ります。

しかし、私達は、そのような子達だけを相手にしているわけではありません。クラスにいる学習が苦手な子も、せめて業者テストでは90点以上取れるように、という思いで工夫を凝らして指導していきます。

例えば、国語であれば、授業で難しい読解ばかり扱うのではなく、音読にもしっかり力を入れます。

全員が音読をきちっとできるようになっていれば、業者テストは多くの場合、大丈夫です。国語の業者テストは内容理解レベルの問題が多いからです。

理科であれば、実験しただけでは知識・技能は身につきませんから、必ず復習する時間を取ることにしています。

クイズ形式にして、授業の初め5分程度で行うだけでも定着が変わります。

算数であれば、習熟と復習の時間をしっかり取ることにしています。

習熟の時間は徹底して個別進度です。

学習が得意な子には、どんどん先の問題、レベルが高い問題も用意しておき、自分で進められるようにします。

そして学習が苦手な子、つまずきが多い子への個別指導をできる時間を確保していきます。

また、復習の時間には、復習の仕方をしっかり教えることにしています。教科書を使って、単元の最初から主要問題（一時間一時間に扱う学習問題のようなもので、教科書に解法や考え方が記載されているもの）を振り返らせます。

この時、教科書に書かれている解法や考え方は隠し、問題だけを見て、どう解くかを自分で自分に説明させます。

説明ができたら実際に計算するなどして問題を解きます。

説明できて、問題も解ければ、その問題はＯＫということで次の問題に進ませます。説明できなかったり、問題が解けなかったりしたら、チェックをつけて、解法をもう一度よく読んで確認します。

一度授業で扱っていることですから、基本的には自分でもう一度教科書を読めば理解できるはずです。

それでも分からなかったら、教師のところに聞きに来て良いことにしています。

このようにしていけば、昨年度テストが全然できなかった子も、自分でも驚くような点を取ります。

そして、「なんだ、自分もやればできるんだ！」と自信をつけます。

これが重要です。テストで良い点を取らせるのは目的ではありません。

子どもにとって大きな存在であるテストでは、自信を喪失させるような点を取らせず、逆に自信をつけさせることを目的として、こだわって指導すべきです。

自信をつけさせることができれば、学習への取り組みも変わるのです。

私は元々このような指導を軽視していました。深く考えさせる発問や学習活動を創ることに注力していました。

子ども達は授業で意欲的に発言したり、話し合ったりしてくれました。

しかし、業者テストのできはイマイチということも少なからずありました。

繰り返しになりますが、子どもにとってテストは大きな存在なのです。

簡単に点が取れるように作られている業者テストですら点を取らせられないのか……と私は打ちひしがれました。

そこから、高度な発問などばかりではなく、子どもがテストでも点を取れるように責任をもって指導するように、ということを心掛けるようになりました。

テストでしっかり点を取らせることと、自分の得意分野である発問や学習活動でしっかり考えさせるということを並行して行うことにしたのです。

この二つは、決して相反するものではなく、工夫次第でいくらでも両立可能です。

発言しないのは子どものせい？

子どものせいにしている事例は、ほかにもまだまだあります。

「高学年になると発言しないから……」「うちのクラスの子は全然発言しないんだよねぇ」と決めつけた嘆きがよく聞かれます。

これも、子どものせいにしている、他責思考の一つです。

高学年であっても、担任の指導次第で積極的に発言するようになります。

もちろん、人前で発表するのが得意な子もいればそうでない子もいて、発表するのが苦手な子がたまたま多いクラスもあります。それは当然のことです。

しかし、だからと言って諦めてはいけません。

発言させる、というのは良い授業にしていくための手段であり、目的ではないので注意が必要ですが（この辺りのお話は「手段の目的化思考」の章で……）、それでも簡単な発問に対してほとんど誰も発言しないようでは、学級として機能していないと言っても過言ではありません。

教師が手を打つべきです。

自分の意見があるなら堂々と主張するという姿勢は、少なくとも私は非常に重要だと思っています。

このような考えをもつ前は、「発言する子としない子がいて当たり前」、「発問を工夫して、授業を面白くすれば自ずと多くの子が発言してくれるだろう」と考えていました。

その結果、発言する子は限られた子になり、とても偏っていました。

それでも私は、「まぁ高学年だしこんなものだろう」と考えていました。

自分のせいではなく、子どものせい、発達段階のせいにしていたのです。

その方が、楽だからです。

ですが、意見があるなら発言をする、という姿勢をクラスの多くの子にもたせることができると、授業全体が変わるのです。

興味深いのが、同じ発問でも、数人の発言だけで進められる授業とは次元が違うくらい深いところまでたどり着ける、ということです。

私は、教員2年目と4年目で5年生をもちました。同じ学年、同じ教材、同じ発問、同じ展開で授業をしたにもかかわらず、出てきた意見や子どもの最終的な考えが、4年目の時の方が桁違いに深く高度になりました。

「どうしてこうなったのだろう」と考え、出た結論が「子ども達一人ひとりが育っていた」ということでした。

「育っていた」というと抽象的になってしまうのですが、発問に対して粘り強く考える姿勢、意見があれば積極的に発言する姿勢、友達の意見を自分に取り入れる姿勢などです。

この年、これらを意識的に育てていたのです。

特に、本項で話題としている「意見があれば積極的に発言する姿勢」は力を入れて育てていました。

すると、2年目ではほとんど意見が出されなかった発問でも、4年目では食らいついてきて、自分たちで様々な意見を出してきたのです。

改めて、子どものせいにして、自分が楽をしていたのだと気づかされました。

それと同時に、子どものせいにしてしまうのは、子どもの可能性に蓋をしてしまうことにもつながると気づきました。

一人ひとりがたくましく育っていて、自分の意見をきちっと表明できる、ということは良い授業を創っていく上で非常に重要なのです。

発問や学習活動を考えるのと、一人ひとりの学習への姿勢を育てることを、教師は両軸として取り組んでいかなければいけないのです。

いきなり授業中の発言を求めない

どのようにしたら、授業中の発言がたくさん出てその結果として授業も深まり、子どもに力がついていくのだろう……と真剣に考えました。

考えてみると、授業中に自分の意見を発言することは、かなりハードルの高いことです。大人でも、授業協議会などで積極的に発言する人は稀で、多くの方は黙って聞いているだけです。

ですから、発言するのが苦手な子が多くいるクラスの場合は、いきなり授業中に自分の意見を発言することを求めないことにしました。

何から手をつけようかと考えたのですが、私は「音読への立候補」がちょうど良いと考えました。

音読であれば自分の意見ではなく、書いてあることを声に出して読むことができれば良いからです。

それでも、音読への立候補すらほぼ全員できないクラスもあります。

私は、さらに細分化して考え、「自分を出す」ということができないのだと気づきました。

そういう年は、「○○と××どちらがいい？　手を挙げてね。○○の人？」などという挙手をさせる場面で、きちっと手を挙げさせることから始めました。

信じられないかもしれませんが、昨年度に学級崩壊していた場合や極端なまでに「自分を出す」ということを封じ込めてきた場合、これでも手を挙げない子が多くいるクラスもあるのです。

この辺りまでくると、教師がこだわる姿勢を見せる必要もあります。

全員がきちっと手を挙げるまで何度もやり直すのです。

「この先生は見逃してくれない」と思わせるのも手です。

こういうことを積み重ねて、徐々にステップを踏み、高学年であっても授業中に自分の意見を言うことに多くの子が立候補するようになっていきます。

このような、一人ひとりの「自分を出す」という側面を育てていくのと同時に考えなくてはいけないのが、「クラスの中の階級」の問題です。

先ほどの、挙手させる場面でもこれがよく分かります。

クラスの中のいわゆる「ボス」に気を使って、その様子を見ながら手を挙げたり、挙げるのをやめたりするのが見られたら要注意です。

こういう場面でしっかりボスを見つけ、全員平等だということを積極的に伝えたり、ボスとなり得る子を掌握したりしていくことが、多くの子が「自分を出す」ことができるクラスにするために不可欠です。

このように、子どもが発言しないということ一つをとっても、その責任を教師が引き受けることで、様々なところに気を配れるようになり、その結果教師としての力量が高まるのです。

子どもが挨拶しないのは子どものせい？

「うちの学校（クラス）の子どもは挨拶できないんだよなぁ……」

このような嘆きをしてしまうのも、子どものせいにする他責思考だと思います。

もちろん、一種の傾向として学校によって挨拶を積極的にする子どもが多い学校もあります。それは学校全体としてあいさつの指導に取り組んでいる場合がほとんどです。

自分の今の学校の子ども達が挨拶が苦手なようであれば、できるようにしていくのが教師の役目です。

初めから「できない」と決めつけてはいけません。

子どもが自分から挨拶できるように指導していくのです。

そのためには、まず担任教師に自分から挨拶できるようにすることです。担任にすら自分から挨拶できないのに、いきなりほかの教師や地域の人に挨拶することを求めるのは難しいでしょう。

朝、学校に来たらやることはほとんどのクラスで決めているでしょう。

例えば、ランドセルの中身を机にしまう、提出物を提出する、当番の仕事を行う、などなど朝の会が始まる前に子ども達が行うことは日課のように決めている場合がほとんどだと思います。

その日課の一つに、先生に自分から挨拶することを指定してしまうのです。

初めのうちは私が教室に入ると、行列になって挨拶してくれます。

教師はこの時が重要です。挨拶されたら、「○○さんおはよう。昨日の日記よく書けていたよ」とか「××さんおはよう。昨日のあの番組見た？」となるべく一人ひとりと共有している話題

教師の他責思考では「子どものせい」にしてしまいがち

を投げかけるようにするのです。そうすることで、子どもも挨拶をして良かったという思いになれますし、一人ひとりとの繋がりもつくれます。

これは、やってみると分かりますが、なかなか難しいことです。

一人ひとりのことを普段からよく見ておかなくてはならないですし、それぞれの好きなものなどを把握しておかなくてはいけません。

初めのうちは、前日に「明日はこうやって返そう」と決めておくのが良いでしょう。一人ひとりを思い浮かべ、前日のうちにノートなどに書いておくのです。

そうして書いておいても、いざ挨拶された時に考えごとなどをしていると、パッと出てこないこともあります。この実践に取り組むと、一人ひとりのことをよく考え、即興的に子どもに返答する訓練にもなります。

実際にやってみると効果は非常に大きなものです。

子ども達は自分から挨拶をするという習慣がつきますし、教師側の力量も高まっていくと思います。

初めのうちは、教師が教室まで行くのを待っていた子ども達も、少し経つと廊下や職員室でも教師に挨拶するようになっていきます。

こうなってくればしめたものです。

挨拶をするというのは、結局「積極的にその人に関わろう」とすることなのです。

ほとんど全ての子どもが教師に自分から挨拶をできるようになったら、ある日の朝、次のように投げかけます。

「今日、先生に自分から挨拶してくれた人？」→「ハイっ！」と全員の手が挙がる。

「ありがとう。朝からとても気持ちがいいです。さて、それでは、もう一つ質問です。先生以外の大人の人にも自分から挨拶した人？」

きっとシーンとなったり、パラパラとしか手が挙がらなかったりするはずです。

「そうですか……それでは君たちの挨拶する力はホンモノとは言えないかもしれませんね……」

などと、ある意味「挑発」します。そうすると、必ず次の日、多くの大人に挨拶する子が現れるはずです。

このようにして、まず担任に挨拶を自分から確実にできるようにし、その後それを足掛かりにしてどんどん広げていくのです。

挨拶は、その気になれば全員が自分からできるはずです。

それを何の指導も工夫もせずに「うちの子達は挨拶ができない」と嘆くのは、自分の仕事を放棄しているのと同じなのです。

「モンスターペアレント」と名づけてしまえばラクになれる⁉

他責思考は、対子どもだけの話ではありません。

対保護者にしても言えることではないでしょうか。つまり、保護者から批判されたり、要求されたりした時、「あの親はモンスターペアレントだから仕方ない」と片付けてしまってはいないでしょうか。

確かに、無理難題を押しつけてくる保護者もいるにはいます。それは事実です。

しかし、私の個人的な経験からは、そういう保護者はほんの一部であり、多くは真っ当な要求や批判をしていると思っています。

それなのに「自分は頑張っているのに、こんなに文句を言ってくるとは、なんというモンスターペアレントなんだ」と相手のせいにしてしまえば、気持ちは楽になるかもしれませんが、問題は解決しませんし、状況は改善されません。

もちろん私も、何度も保護者から批判されたことはあります。

これは、本に書くには非常にお恥ずかしい話で、今考えても「あり得ないな」と思うエピソードですが、それでも保護者からの意見を受け入れて、事態を改善できて良かったと思った経験があります。

教師になってまだ日が浅いころのある年、クラスで8の字連続跳びに挑戦していました。大会まで日にちがあるうちからクラスは大盛り上がりで、休み時間には皆で自主練習していました。しかし、そのクラスには、非常に8の字跳びが苦手で、休み時間の練習にも顔を全く出さないAさんがいました。私は、その子に対する助け舟のつもりで、既に回し手として決定していたBさんを呼んで、「Bさん、実は知っていると思うけれど、Aさんが全く練習に来ないよね。跳ぶのが苦手だからだと思うんだ。そこで、もし良かったらAさんと代わってくれないかな。Bさんは跳ぶのも得意だから、そっちでも活躍できると思うんだ」と話しました。すると、Bさんは非常に複雑な表情を浮かべましたが、「はい……分かりました」と答えてくれました。私は、これでAさんも練習に参加できるだろうし、Bさんも納得してくれて良かった、と思ったのでした。

その後、回し手をAさんにして全員集まっての練習が始まりました。やっと全員揃った！　ここからさらに盛り上がっていくはず！　そう私は思っていました。しかしそうはなりませんでした。Aさんの回す縄が跳びにくく、子ども達から「Bさんの方が良かった」という声が聞かれるようになっていったのです。それでも私は「まぁまだ始めたばかりだから……」と濁していましたが、段々クラスの盛り上がりは消えていきました。そんなある日の放課後、Bさんの保護者からお電話を頂きました。

「ずっと毎日楽しいと学校に通っていたが、ここ数日学校に行きたくないと言っている。大縄の回し手としてあんなに頑張って練習していたのに外されて本当にやる気がなくなっている。聞くところによると、Aさんが跳べないから、うちの子に代われと言われたそうだが、元々決まっていたのだから、まずはAさんに跳ばせるようにするのが普通なのでは？」

　こういった内容でした。私は、「おっしゃる通りです。申し訳ありません」としか言えませんでした。自分は、なんと子どもの気持ちを微塵も考えられず、自分の勝手な思いだけで突っ走っている教師なのか……と頭をガーンと殴られた思いをしました。私は翌日すぐにAさんとBさんを呼び、話し合いの場をもちました。すると、Bさんは泣きながら、「私やっぱり回したいです」と言いました。私とAさんに気を遣って我慢していたのです。逆にAさんは「跳んでみます」と言いました。思えば、私は口数も少なく、運動が苦手なAさんの意思を十分確認せず「回し手をしてみたら？」と押しつけてしまっていました。実はAさんもBさんの代わりとしての回し手のプレッシャーを感じていたのです。私はAさんとBさん、そしてクラス全体に心から謝罪をしました。その後は、回し手をBさんに戻し、Aさんも練習に積極的に参加するようになり、クラスの盛り上がりも以前よりも増しました。Aさんも連続で跳べるようになりました。Bさんもまたイキイキとした笑顔を学校で見せてくれるようになりました。そして、最終的に8の字連続跳び大会でも優勝することができました。

読者の皆様は、きっと「なんてあり得ない指導しているんだ」と思われるでしょうが、当時の私は、本当に100％の善意でこのような指導をしてしまったのです。

本当に救いようのない失敗をしていますが、ここで唯一良かったのは、「自分の責任を認め、保護者からの批判を受け入れたこと」です。ここで、「私はAさんのためを思って指導したのだ。私は悪くない。こんなことに文句を言ってくるなんてモンスターペアレントだ」などと保護者のせいにしてしまい、状況を改善しようとしなかったら、絶対に最悪の事態になっていたことでしょう。

この例は本当に極端に教師の指導が悪すぎて、あまり良い例ではないかもしれません。「そんなの、相手の保護者が真っ当だから、自分ならモンスターペアレントなどと決めつけるわけがない」とお思いになるでしょう。しかし、こちらが100％の善意で行っていたということを考えてみてください。もしあなたが100％の善意で行っていることを批判されたら、その批判を真正面から受け入れるのは難しいと思いませんか。

ここまでひどい失敗ではなくとも、自分が100％の善意で行った上での失敗を責められて良い気分になる人はいません。少なくとも当時の私は、「これが子ども達のためになる」と思って行動していました。それが裏目に出て、子どものやる気をそぎ、保護者から批判をされたわけです。私の頭には一瞬「Bさんは一旦は分かりましたって言ってたのにな」とか「Aさんのためを思ってやったことなのにな」と「言い訳」や「愚痴」がよぎりました。しかし、冷静に考え直して、保護者からの批判をそのまま受け入れることにしました。この判断だけは正解でした。自分で自分の指導のまずさの責任を認め、批判を受け入れ指導方針を変更したのです。もしも、「他責思考」を貫き、指導方針を変更しなければ事態はますます悪化していたでしょう。

このように、「他責思考」になりがちなところをグッとこらえて、自分で自分の指導のまずさの責任を負っていくことは、保護者との関係においても重要だと思います。

なぜ他責思考に陥るのか——自分を守るため——

ここまで、教師の「他責思考」の具体例をご紹介してきました。

その原因は一体何なのでしょうか。

具体例の中でもちらっと述べましたが、教師が「他責思考」に陥る原因は、「基本的に教師は100%の善意で仕事に取り組んでいる」ということが挙げられます。教師になろうとするくらいの人ですから、真面目で、子どものことが好きで、人のために何かしようという人がほとんどだと私は思っていますし、現に私がこれまで接してきた教師の方々は皆さん本当にそのような方たちばかりでした（私は研究会の活動やセミナーなどで全国の先生方と接する機会を、ありがたいことに頂いていますが、本当に心からそのように思います）。しかし、我々教師は人間を相手にする職業です。100%の善意で行っていることが批判されたり、結果が出なかったりすることが多い、いやほとんどと言っても過言ではないかもしれません。そのため、ある意味「自分を守るため」に他責思考になっているのかもしれません。全て自分の責任としてやっていては身も心ももたないので、他責思考になっているのだと思います。

このように考えると、教師の他責思考は全てを排すことはできないかもしれませんし、むしろ全てを排すべきではないのかもしれません。それで心を病んでしまっては元も子もなく、力量を高めたり子どもを伸ばしたり、ということ以前の問題だからです。

しかし、全て排すことはできないからといって、そのまま他責思考のままでは、教師の力量は絶対に上がりません。これだけは断言できます。

ですから、うまくバランスを取りながら、他責思考に対処していくことが教師に求められていると言えるでしょう。

他責思考の問題点――「無意識のうちに」陥り、指導改善がなされず、力量が上がらない――

ここからは、他責思考の最大の問題点をまとめていきたいと思います。

既にお気づきかもしれませんが、それは教師の指導が見直されず、改善されていかないことです。

これは、当然のことです。全て相手のせいにしている教師にとっては「自分に責任はない」と考えてしまっているわけですから、自分自身や自分の指導をわざわざ省みる必要などないからです。

しかし、私がお会いしてきた力量の高い教師で、子どものせいにする方は一人もいません。みんな、受けもった子どもを伸ばす責任をしっかり負っています。

教師が責任を負うことから、自覚が芽生え自分の力量が高まっていくのです。

相手のせいにしているうちは絶対に自分の力量は上がりません。目の前の子ども達の状況に対して意識的に責任を負うようにしましょう。

そもそも、教師が他責思考に陥りやすいのは、100%の善意で取り組んでいるのに成果が出なかったり、批判されたりするからだと先に述べました。

「一生懸命指導したのに」

「普段からあれほど指導しているのに」

「私は子どものためを思って指導したのに」

うまくいかなかった時、これらの思いが頭をよぎるでしょう。しかし、それをグッとこらえて、「自分の指導が良くなかったからだな」と思える教師にだけ、伸びるチャンスと資格があるのです。

「一生懸命指導した」のにうまくいかないのは、その「一生懸命」を向ける方向性が良くなかったのではないかと自分の指導を省みるのと、自分は「一生懸命」指導したのにうまくいかないなんて、子どもが悪いんだと思ってしまうのとでは、後々大きな差になります。

繰り返し述べてきているように、全て相手のせいにしていては、自分の指導改善がなされず、力量も上がっていきようがないのです。

そして、この「他責思考」の恐ろしいところは、「無意識のうちに」陥るところです。自分では相手のせいにしているつもりはないのに、結果的に相手のせいにして問題から目をそらしてしまっているのです。

まずは、教師がこのような状態に陥りやすいことを自覚し、意識的に他責思考を排していこうとすることが重要だと思います。

他責思考を乗り越えよう
──とはいえ全て自責思考ではきつすぎる……──

しかし、いくら「他責思考を排す」と言っても、全て自責思考では自分の身と心がもたないでしょう。子どもが忘れ物をするたび、ケンカをするたびに、「これは教師である自分の責任だ」と毎回毎回反省していたら、大変なことになります（もちろん、教師の指導が良くない場合もありますが）。

ですから、責任を真正面から引き受ける時とそうでない時とがあって良いと私は思います。自分の身と心に余裕があれば、積極的に自分の責任と捉えて改善しようと心掛けるようにし、逆に自分の身と心に余裕がない時であれば、自分の責任だということは一旦目をつぶるようにしてもいいです。自分を追い込みすぎて倒れてしまっては元も子もないからです。

実は、教師という仕事は、全て自分の責任だと

自分の身と心の状態を確認しながら、なるべく責任を引き受けていきましょう

思えば自分の責任になり得ます。どんな子どもでも、その教師の学級に入ると伸びる、という教師がいます。私の面識のある方で言えば群馬県の深澤久先生などがそれに当たります。深澤先生の学級には、特別支援を要する子や行動に問題がある子が、片っ端から集められていたと聞きますが、授業動画を見せて頂いた時、私は本当に驚きました。誰が問題を抱えている子なのか全く分からないのです。全員がイキイキと学習に取り組んでいました。そういう教師がいることを知ってしまうと、自分がうまくいかないことも、「深澤先生が担任だったらこういう問題は起こっていないな……」と思ってしまいます。そして、恐らくそれは事実です。つまり、力量の高いスーパー教師と比べてしまえば、今の自分の学級で起こっている問題はそのほとんど全てが自分の責任で起こっていると考えられるのです。

一方、教師という仕事は、全て自分の責任ではないと思えば、そのほとんどが正当化され得る仕事でもあります。例えば、子どもの学力の問題。「自分はしっかり授業して、ほとんどの子はできるようになったけれど、あの子だけできなかった。あの子は勉強が苦手だ」と捉えられます。恐らく普通はこのように捉えられ、程度によっては取り出し指導や特別支援級を視野に入れた支援が始まっていくという場合がほとんどでしょう。こういった「落ちこぼれ」が認定されていく過程において、果たして教師の授業の質や指導法の検討はされているでしょうか。残念ながら、私の知る限りほとんどされておらず、テストなどの結果のみをもって「この子には支援が必要だ」とされています。もちろん、これは長期的な目で見て、学習指導を工夫するなど指導力のある教師にばかり担任されるわけではないので、一般的な指導についていけないということは、恐らく6年間苦労することになるから支援を入れる必要性はあるのだという考えもあるでしょう。確かに、普通の指導で教科書レベルの内容に明らかについていけない場合は、その子のことを思えば支援をしていくことは必要となってきます。私が言いたいのは、「この子はついてこられない」と判断し評価した担任は自分の指導を省みたのかということです。本来であればそちらに重きが置かれてもいいと思うのですが、それに関してはほとんど議論されません。これでは、当人が自分の責任だとはあまり感じないでしょう。教育現場では本来教師の責任であることから目を背けることは頻繁に起こっています。こういうことは、ほかにいくらでもあります。教師が最も責任を負うべき学習指導においてさえこのような状況なのですから、ほかのことでももちろんこのことは起こっています。教師は、自分が思っている以上に責任をほかから追及されずに済んでいる仕事なのです。極端な話、責任を追及される時といえば、不祥事があった時くらいのものです。だから、保守的になっていくのだと思います。

このように、実は教師という仕事は責任の所在が教師の考え方次第でいくらでも変わってきてしまうのです。そして、教師は無自覚のまま教師以外（主に子ども）のところに責任を押しつけてしまいがちです。それでも、多忙化し心を病む教師も多くいる昨今なので、自分の身と心の状態を見ながら、その責任を「引き受ける」割合を増やしていくことが、これから力量を高めていく教師にとって重要だと思います。

最後に、教師が優先して責任を引き受けるべきことについて考えて、この章を閉じたいと思います。いくら「なるべく」教師が責任を引き受けていくようにする、と言っても全てにおいて責任を引き受けていっては身も心ももたないことが予想されます。教師が優先して責任を負うべきことは、第一に「学習」です。児童指導や生徒指導が得意な教師もいれば学級経営が非常に上手な教師や個別指導が得意な教師もいます。私はどんな教師がいても良いと考えていますし、様々なことが得意な教師がいるべきだと考えていますが、どんな教師も避けては通れないことがあります。それが学習指導です。学習指導こそ教師の最大の仕事です。そのことに関してはなるべく責任を引き受けるようにしていくことで、学習指導に関する意識が高まり、力量が上がっていきます。次に優先すべきは、「学級経営」です。一人ひとりが安心して学校に来られ、成長できる環境を整備することです。いじめを防いだり、授業規律を整えたりすることもこれに当たります。

ここに挙げた二点は細かいことであっても、なるべく教師自身が「自分の責任だ」と責任を引き受けつつ、「どうしたら状況を改善できるか」を考えていくことで、その時は苦しくても結果的に力量が高まり、他責思考の教師を突き放していくことでしょう。

「学習」と「学級経営」に関しては、積極的に責任を引き受けましょう

2 手段の目的化思考

手段の目的化思考とは

「手段の目的化」思考とは、読んで字のごとく、本来「目的」を達成するための「手段」であるべきことを、「目的」のように捉えてしまう思考のことです。手段の「自己目的化」とも言えます。

例えば、引き締まった肉体を手に入れるために、筋力トレーニングに取り組んでいるとしましょう。その場合、もちろん「目的」は「引き締まった肉体を手に入れること」であり、「手段」は「筋力トレーニングをすること」です。しかし、夢中でトレーニングに取り組む中で、いつからか筋トレすることが「目的」になってしまうことがあります。腕立て伏せに取り組んでいたとしたら、「○回やること」が「目的」になってしまい、フォームが崩れてしまったり、全然腕が曲がっていなかったりするのです。そうすると、腕立て伏せの効果が薄くなり、結果的に「目的」であった「引き締まった肉体を手に入れること」が達成されません。本来「手段」であるはずの「筋力トレーニング（腕立て伏せ）」

で「○回やること」が「目的」となり、それにこだわってしまい、本来の「目的」を達成できずに終わってしまいます。

「手段の目的化」思考は、ほかにもいくらでも例は挙げられます。

「お金を貯めたいのに、必要のない節約グッズをたくさん買ってきてしまった」

「英語を身につけたいからＴＯＥＩＣに挑戦しているのに、テストのテクニックばかり学んでいる」

「議員になって日本を良くしたいから選挙に出るのに、選挙対策ばかりして肝心の政策を全くもっていない」

「健康保持のために始めたランニングに熱を入れ

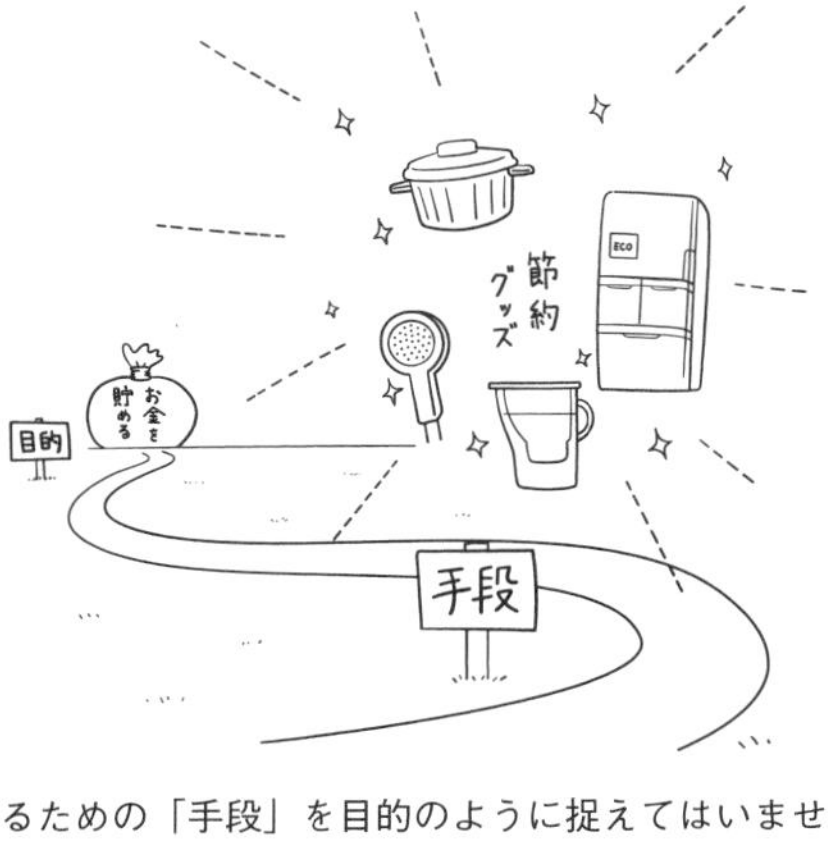

目的を達成するための「手段」を目的のように捉えてはいませんか？

すぎて、体を壊してしまう」

などなど、本来「手段」であるはずのことを重視しすぎて、あるいはそれに熱中してしまい、それが「目的」になってしまうことは私達の生活において多く起きています。

そして、この「手段の目的化」は教育の世界でも多々起こっているのです。

むしろ、教師は「手段の目的化」思考に陥りやすいとさえ言えます。

ここからは、私の経験から具体例を挙げていきましょう。

「教師が言わない」のが良い授業？

良い授業の条件として、「教師が教えたいことを直接的に言わない」ということが、我々教師の中の「暗黙の了解」として存在しています。

たしかに、その時間の指導すべき内容を教師が一方的に伝えるよりも、教師が直接言わずに、子どもが自然と気づける授業の方が、子ども自身が思考しているので子どもの身につきやすいのは事実です。その方が子どもにとって、より主体的に学習に臨めているからです。

しかし、「教師が言わない」というのはあくまでも「手段」であり、「目的」ではありません。それは、子ども達のより良い学習を実現するという「目的」や教師の授業を改善していくという「目的」のための、あくまでも「手段」なのです。この点を履き違えて「手段の目的化」をしてしまうと、より良い学習を実現するどころか子ども達にとって「この時間は何を学んだのだろう」という授業になってしまうこともあります。

事実、私がそうでした。私自身、「教師が言わない」ことを心掛けて授業づくりをしてきているつもりでした。しかし、「教師が言わない」ということにあまりにもこだわりすぎて、子どもの発言だけで授業を進めようとして何度も失敗しました。子どもの発言はたくさん出るのですが、なかなかその時間のねらいに迫る発言が出ないのです。

多くの子が発言したけれども、結局ねらいを達成できずに時間切れ、という授業を何度もしてしまいました。その結果、当然ですが単元を予定時数で終えることができなかったり、子どもに十分に指導事項が身につかなかったりしてしまいました。翌日に前日の授業の内容を尋ねても、「うーん、何をしたんだっけ」という子も多くいました。

しかも、子ども達はたくさん発言だけはしているので楽しそうに学習をしているかと言えばそうでもなく、ただ思いついたことを言っているだけ、というような様子でした。今考えればこれも当然です。ダラダラと同じような意見がたくさん出る話し合いをして、結局新たな発見や気づきも少なく、話し合いを通して身についた力の自覚などもほとんどなかったからです。そこには、教師である私の「工夫」や「指導」が欠けていたのです。

例えば、ねらいとする発言が出るような発問の仕方、展開の仕方を考え工夫しなくてはいけませんでした。それもなしにただ子どもに発言させていっても、なかなかねらいに迫ることができません。

また、子どもに自由に発言させるだけでなく、時には発言を止めて「みんな、○○さんの言っていること分かる?」とか「それってどういうこと?」などと突っ込んでいかなくてはなりませんでした。そういう指導をしないから、話し合いに深まりがなく、一人ひとりが意見を延々と言っているだけでした。

さらに、子ども達から多くの発言が出れば良いと考えていた私は、同じ内容であっても意見を多くの子に言わせていました。その結果、話し合いが深まるどころか、一人ひとり意見を発表するだけで多くの時間を使ってしまっていました。それでも多くの子どもが発言したし、まぁいいかと思ってしまっていました。子ども達にもっと他者の考えを聞きながら「自分と友達の考えはどこが同じでどこが違うのか」などを考えさせ、どういう発言が全体の話し合いを進めるのか判断させるなど全くしていませんでした。「たくさん子どもが発言すれば良い」と考え、その先の指導をしていなかったのです。ここでも「子どもがたくさん発言する」という手段の目的化が起こっていたと考えられます。「教師が言わない」という理念の裏には、「子どもの発言で授業をつくる」「子どもに言わせる」という理念が存在します。私は子どもがたくさん発言する授業がそのまま良い授業になると思ってしまっていたのです。もちろん、それも良い授業の一つの条件かもしれません。しかし、あくまでも子ども達のよりよい学習を実現するための「手段」であり、「目的」ではないのです。

子ども達から出てこなければ……
教師がきちんと教えればいいだけのこと

それでは、子どもからねらいとする発言が出ない時、一体どうすれば良いのでしょうか。

このことを考える時、いつも思い出すことがあります。私は大学のゼミで恩師である石丸憲一先生の模擬授業を受けていました。その時、石丸先生は、『大造じいさんとガン』で「大造じいさんは残雪を一生懸命世話したのか」という発問をされました。答えは「していない」で、残雪は群れの頭領であり、大造じいさんはおとりのガンを「鳥小屋」に入れて飼っていたのに対し、残雪は「おり」に入れており、あえて飼いならさないようにしていたので「世話していない」と考えられるという授業でした。私はその内容に感動したのですが、一点疑問がわいてきました。大学生である自分でも気づかないような「鳥小屋」と「おり」の違いなのに、小学生が気づくのか、気づかなければどうするのだろうかという疑問でした。私は石丸先生に質問してみました。すると、予想外の返答が返ってきました。

「もし子どもから出てこなければ、鳥小屋とおりというヒントを与えて、それでも無理ならこちらが言えばいいんだよ」

思ってもいないくらいシンプルでした。

このことは強烈に記憶に残っていたのですが、当時はまだ学生で経験が伴っていませんでした。その後教壇に立ち、「教師が言わない」という手段の目的化を経て、この石丸先生のお言葉を思い出した時、「それだ！」と心底納得しました。

それからの授業では「教師が言わない」は基本的なスタンスとして、子どもが十分自分達で考えられる発問や展開にしたり、子ども達同士で意見を聞き合えるように二項対立で話し合いをしたりといった工夫をしつつ、それでも子ども達からねらいとする発言が出ない場合は私がハッキリと言うようにしました。すると、意外なほど子ども達は「なるほど！」と納得してくれ、翌日以降も授業の内容を鮮明に覚えているようになりました。むしろ、子ども達はこちらが気にしているほど「教師が言わない」ということなど気にしていないのだということが分かりました。話し合っていて煮詰まってくると、「先生はどう考えますか」と楽しそうに聞いてくる子もいました。それに応えて、私も話し合いの参加者の一人として自分の考えを言いました。私の考えを聞く子ども達の表情は決して悪いものではありませんでした。そして、「教師が言わない」という手段の目的化を捨てた私自身も非常に楽になりました。また、特に低学年などに関しては、むしろこちらがきちんと言葉で明確に伝える方が子ども達にとっても分かりやすいようで、明らかに授業への集中力や満足度が高まりました。

このように状況が好転したのは、「教師が言わない」の自己目的化を排除しつつも、「教師が言わない」を基本にした授業づくりをして、子ども達一人ひとりに十分考えさせているから、最終的に私が言ったとしても、子ども達はしっかり耳を傾けてくれ、腑に落ちるのだと思います。これが、「教師が言えばいい」のだと開き直って、教師が教えたいことを最初から直接的に伝えていく指導ではこうはいかないはずです。やはり、「教師が言わない」というのは、「目的」ではなく、子どもの学習をより良いものにしていくため、教師の授業を改善していくための「手段」なのです。

漢字はノートに何度も書かなくては覚えられない？

教育現場での「手段の目的化」はほかにもあります。

例えば、漢字指導において、「ノートにこの漢字を1ページ書いてきましょう」という宿題を出している教師は多くいるでしょう。

しかも、ノートへの練習の仕方も指定している場合がほとんどです。そうすると、教師がどの子どもに対しても漢字を同じ数だけ書くことを強制していることになります。実はこのような強制的かつ画一的な漢字練習はほとんど効果がありません。

そもそも漢字練習は何のために行うのでしょうか。

それは、もちろん「漢字を覚えたり、使えるようになったりするため」でしょう。これが「目的」です。漢字ノートに何度も書くのは、そのための「手段」でしかありません。

それなのに、教師がその「手段」を目的化するから、既に書ける子にも書けない子にも同じように漢字ノートに字を埋めさせることを強制することになってしまうのです。

漢字ノートに字を埋めさせれば、クラスの全ての子ども達が漢字を書けるようになるのであれば問題はありません。しかし、そうでないことは教師全員が分かっているはずです。一度宿題で漢字練習ノートに練習したからといっても、抜き打ちテストでも書けたり、作文を書く際に使えたりする子は少ないことは明らかです。むしろ、漢字練習ノートに頑張って練習しているにもかかわらず覚えられない子も多くいます。そのような子達の多くは漢字を読むことさえできていません。それなのに画一的にノートを埋めさせることを目的化し、しつこく求めるから、漢字嫌いな子が続出してしまうのです。

逆に、読書をよくする子などで既に漢字を書ける子にもノートを埋めさせることを求めてしまうのがこの指導の良くないところです。既に書ける字を何度も何度も練習させられる……、これでは意欲が低下してしまってもむしろ自然なことです。

全員に画一的に漢字練習を課すことの弊害について述べてきましたが、この問題の根底にあるのが「手段の目的化」思考なのです。

私は、「全員に漢字練習ノートを同じやり方で埋めさせる」ということを「目的」から徹底的に排除しました。そして、本来の目的である「漢字を覚えたり、使えるようになったりする」というところに立ち戻り、もう一度指導法を見つめ直しました。そこで編み出したのが、漢字を書けるようにする「漢字練習」と漢字を使えるようにする「漢字活用練習」とを区別して、自分に合った練習法を子ども達に選択させる方法です。

そうすることで、子ども達は自分の段階に合わせて、書けない漢字が多い子は漢字を書けるようになるための練習に、既に多くの漢字を書ける子は使いこなせるようになるための練習にそれぞれ意識的に取り組むことができるようになりました。

このような指導の全体像は拙著『クラス全員が熱心に取り組む！漢字指導法』（明治図書出版）や『イラストでよくわかる！漢字指導の新常識』（学陽書房）に載せていますが、そこに至ったのは、漢字指導における「手段の目的化」思考を排して指導法を見つめ直したことによるものが大きいのです。

音読の宿題は「音読カードにハンコを押してもらうこと」？

漢字と並んで宿題に出されることが多いのが音読です。

音読は、読解の基礎のみならず学力の基礎とも言われるほど非常に重要です。特に低学年においては、私は読解などよりも重要視して指導すべきと考えています。そんな音読の宿題ですが、「音読カード」と呼ばれるものを子どもに渡し、家で保護者に音読を聞いてもらってサインをしてもらい翌日提出する、というシステムを採っている教室がほとんどでしょう。

私は今でこそ、この音読カードの取り組みには懐疑的ですが、新卒から2年目くらいまでは、周りの先生方に合わせて特に深く考えもせず使っていました。ほかの先生方と同じように、宿題に音読を出し、翌日に提出された音読カードを点検し、返却するだけです。

今思えば当時は授業で一人ひとりの音読を聞くことなどせず、授業では読解ばかり行っていました。音読は音読カードで宿題頼りの状況でした。そうした中、考えさせられるような出来事がありました。

ある日、子どもが音読の宿題を忘れたと報告に来ました。その子は、

「音読カードを学校に忘れて帰ってしまって、音読カードにハンコを押してもらえないからやれませんでした」

と言うのです。宿題をやったのだが家に忘れてきたと言う子はいましたが、カードがなくてやれなかったという子は初めてでした。私が、

「国語の教科書は家になかったのかな」

と尋ねると、その子は

「ありました。でも音読カードがなかったので、お母さんにハンコを押してもらえないからできないと思って」

と言いました。この子の中では「音読」という宿題は、「音読カードにハンコをもらってくること」だと真剣に思っていたのです。

この時、私は自分の指導が悪かったと本当に反省しました。音読の宿題は、音読練習を

して音読が上手になったり、文章の内容理解の基礎をつくったりすることが「目的」です。音読カードにハンコを押してもらったり、提出させたりするのは、そのための「手段」でしかありません。そのことを子どもと共有することはおろか、私自身すっかり忘れていて「音読カードに家の人のハンコがあるかどうかをチェックする」ことだけをしていたから、子どもも知らず知らずのうちに、音読を家で頑張って練習するということよりも、とにかく音読カードにハンコをもらいそれを教師に提出しさえすれば良い、という考えになってしまったのでしょう。

教師による手段の目的化思考は子どもにも伝染するのです。よく考えれば当たり前のことです。指導者がそのような思考に陥っているのですから、その指導を受けている子どもが本来の目的を見失わないわけがありません。

それからは、私は音読カードの提出や家の人のハンコなどは重視せず、学校でしっかり一人一人の子どもの音読を聞き評価するようにしました。子どもも自分の頑張りが評価されたり、逆にサボっていたら酷評されたりするので、家での練習を頑張るようになりました。結果、一人ひとりの音読力がみるみる向上しました。音読カードに頼った形式的な指導をしていた時とは段違いでした。国語が苦手で週二回取り出し指導を受けていた子があまりにもスラスラ読めるようになったので、取り出し指導担当の先生から、「○○さんに何があったのですか」と問い合わせがあったくらいです。私がしたことは、教室で一人ひとりの音読をしっかり聞く時間をとり、適切に評価していき、各自家で自分から練習するぞ！というやる気をもたせただけです。手段の目的化から解き放たれると、教師の指導は、非常に本質的なところに回帰できるのだと実感しました。

挙手にこだわることは「手段の目的化」か

「他責思考」の章でも話題に出た、子どもが挙手して自分から発言することに関して、「手段の目的化」という視点からも考えておきたいと思います。

教師は、子どもがどれくらい手を挙げたか、どれくらいの子が発言したかに非常に敏感であり、これまで必要以上といっても良いぐらい、とても気にしてきました。

「挙手をする子＝学習意欲の高い子」という固定観念が教師の頭の中にはあります。つまり、挙手をすること自体が良いことだという捉えです。

実は、これは教師の頭の中だけでなく学校に深く根づいている文化のようなものでもあります。その証拠に、保護者と面談をしていても保護者の多くは、「うちの子、手を挙げていますか」とか「授業参観であんなにうちの子が手を挙げているなんて驚きでした！」などと、挙手のことを気にしています。これは、保護者の頭の中にも「挙手をする子＝学習意欲の高い子」という固定観念があり、授業中に積極的に挙手をすることが、あるべき姿であるかのように捉えているからです。そして、そんな保護者も基本的には学校で育ってきたのです。

このように考えると、いかに学校という場所に「挙手をする子＝学習意欲の高い子」であり、挙手をすること自体が良いことであるべき姿だという固定観念が定着しているかが明確になっていきます。ですから、教師は「なるべく多くの子が手を挙げて発言するように工夫しよう」とか「うちのクラスは全然子どもから発言が出ない……どうすればいいのだろうか」などと、子どもが挙手をするための方策をあれこれ考えるわけです。

しかし、これもある意味「手段の目的化」思考です。挙手をする子が多い、発言がたくさん出る、ということは子どものより良い学習を実現するため、良い授業を実現するための「手段」に過ぎません。それを「目的」かのように、目指すべき姿として盲目的に追い求めていってしまえば、それはどんな取り組みであっても「手段の目的化」思考に陥っています。

それでは、子どもが挙手をするよう追い求め工夫していくことは、全て「手段の目的化」であると言い切れるのでしょうか。私は、「そうである場合もあるし、そうでない場合もある」と考えています。結論から言えば、それを追い求めていった先に本来の目的に繋がるのであれば、「手段の目的化」ではないと言えます。挙手のことで考えれば、子どもが挙手をするようになるということを追い求めていった結果、それが教師の「育てたい子ども像」に繋がり、子どもの成長に繋がるのであれば、手段の目的化ではないと考えられます。

例えば、教師の「育てたい子ども像」として「自分の考えをもち、主張できる子」というものがある場合、挙手をして堂々と意見を言うということは「育てたい子ども像」に合致しています。そうすると、子どもの「挙手する」という行為のみを追い求めるのではなく、それ以前の「自分の考えをもつこと」や「たとえ自分一人でも主張する勇気」や「主張を明確に話す技術」なども育てていくことになり、幅の広くなおかつそれらの根底が繋がり合った、一貫性のある指導が可能になります。そのようなことまで視野に入れていれば、「挙手する」ことは自己目的化せず、「育てたい子ども像」を目指すための足掛かりに過ぎないことになります。極端な話、挙手を求めることでなくても「育てたい子ども像」に迫る手は、ほかにもあるなと教師が気づくと、挙手になど全くこだわらなくなることもあるかもしれません。

逆に、「挙手をすること」という行為だけを追い求めていくような指導では、「手段の目的化」に陥ります。挙手することが、教師の「育てたい子ども像」にどのように繋がっていくのかを教師自身が説明できなかったり、それがなぜ重要なのかイマイチ定義づけられていなかったりするようでは、挙手させることが自己目的化していると言わざるを得ません。「とにかく手を挙げるクラスにしたいんだ」と挙手をするという行為のみを求めることになりかねません。極端な話、「一日一回手を挙げなければ給食のおかわりはなしにする」などと脅して全員手を挙げさせるということだってあり得ます。とにかく手を挙げさせれば良い、と考えてしまっているからです。

つまり、教師がしっかり「育てたい子ども像」を明確に描き、それに応じて一貫性のある指導ができているかどうかが、「手段の目的化」を防ぐということです。そうではなくて子どもの具体的な行為ばかりに目を向けて、ただその行為のみを追い求めていくようでは、「手段の目的化」に陥り、指導が行き当たりばったりになります。それでは子どもに本当の力はつかないでしょう。

ここでは、挙手を例に挙げましたが、これらは「挨拶」「返事」「掃除」など、盲目的に良いとされていることに関する指導においては、「手段の目的化」はかなり多発していると考えられます。何も考えずに、ただ「挨拶をしなさい」と伝えるよりも、まずは教師が「育てたい子ども像」を明確にし、それに「挨拶」がどのように繋がっていくのかを考えることが重要です。同じ「挨拶」にこだわっている教師でも、手段が目的化している教師もいれば、手段が目的化していない教師もいるのです。個人的には、これらは子どもや学級の現状を見取るための「バロメーター」に過ぎないと考えています。その「バロメーター」に直接アプローチしても、主目的を達成したことにはなりません。ウイルスに感染して高熱が出ているのに、ウイルスを殺すことではなく、熱を下げることや咳を止めることに躍起になっているようなものです。

「聞く姿勢」ばかり指導しても、子どもは聞けるようにはならない

合言葉をつくって、話を聞く姿勢を徹底的に指導する教師がいます。

私も、初任者の年に読んだ本の影響で「先生の話を聞く姿勢」をルールとして決め、指導しました。その姿勢は、手いたずらを防ぐために、机の上で手を組む、というものでした。

しかし、うまくいきませんでした。

「先生の話を聞く姿勢」は、文字通り私の話を聞く時にこのような姿勢をする、というものなのですが、肝心の私の指示や説明がうまくなかったので、そのような形式的な指導では全く効き目がなかったのです。年度初めこそ緊張感があるので、その姿勢をしてくれて

いましたが、すぐに子ども達はしなくなりました。これは当然のことです。いくら教師だからといって、子ども達に特別な姿勢をさせたところで、その話がよく分からなければ、子どもは聞いてはくれません。

こんなこともありました。子ども達に「先生の話を聞く姿勢」をさせて、いつも通り話をしました。しっかり、全員が「先生の話を聞く姿勢」をするまで一人ひとり注意してから話したので、全員が手いたずらせずに話を聞いていました。「みんな、しっかり聞いてくれたな」と思っていた矢先、しっかり「先生の話を聞く姿勢」をして聞いていた子が、私がまさに10秒前に話した内容を質問してきたのです。つまり、形式的に話を聞く姿勢をしていただけで、実質的には全然聞いていなかったということです。

そもそも、「聞く姿勢」を指導するのは、「しっかり人の話を聞ける子に育てるため」です。そのために教師は子どもに、手いたずらを防いだり、話している人の方に体を向けさせたりといった「聞く姿勢」を指導しています。つまりここでは、「聞く姿勢」を指導するのは「手段」であり、「しっかり人の話を聞けるようにする」ということが「目的」となるわけです。

それなのに「聞く姿勢」が自己目的化してしまっては、指導がゆがんでしまい、子ども達は「聞く姿勢をしていれば叱られない」と考えるようになってしまいます。そうすると、先に述べたような、形式的なことばかり取り繕って、実質的には全然聞いていないような事態に陥ることもあり得るのです。

このような場合、教師の側に「人の話を聞くって一体どういうことなのか」という明確な考えがなければなりません。そういう考えがなかったから初任時の私は、「先生の話を聞く姿勢」という形式的な面の指導ばかりして失敗したのでした。話を聞くとはどういうことなのかをしっかり自分の頭で考えていなかったのです。

私は、人の話を聞くということは、「内容をしっかり聞き取り、自分の頭で考え理解すること」だと考えています。そういうことができる子に育てたい、と考えてからは、形式的な面の指導ばかりすることは自然となくなりました。それでは「手段の目的化」だと気づいたからです。実質的に聞き取れているか、自分の頭で考えて理解できているかを見取ったり、伸ばしたりする指導が増えました。例えば、子どものスピーチが続いていくとします。この際、形式的な面の指導は「話している人の方を見て聞きましょう」とか「頷きながら聞きましょう」という指導でしょう。これももちろん大切なことですが、こういったことを初めから押し付けてしまうと、形式を取り繕うことになってしまいます。もっと実質的な面に向けた指導として、「今○○さんの話に出てきた動物は何？　言える人？」とか「なんで餌を夜にあげるって言ってた？」とか「今の○○さんの話で自分とは違う考えだなと思ったことは？」などと尋ねるようにしました。これらの質問には、話をきちんと聞いていないと答えられません。実質的に聞き取り、考えていないと答えられないのです。こういったことを尋ねることは、子ども達に「話を聞くとはこういうことだよ」と基準を明確に示すことになりますし、「形式的なことばかりではなく、先生はこういうことを求めているよ」という教師からのメッセージにもなります。初めは、手を挙げる子は少ないですが、繰り返すと全員が手を挙げるようになります。しかも、「話している子を見なさい」と言わなくても、自然と話をしている子の方を見るようになっていきます。そうしないと、大事なことを聞き取りにくいということに、子ども達自身で気づくのです。

　このように、実質的な面を重視した「聞く指導」をできるようになったのも、手段の目的化思考を排除したからでした。

板書にこだわるのは良いけれど……

授業計画を考える時、板書計画から練る教師も多いのではないでしょうか。それくらい、古くから教師は板書を重視してきました。板書は重要な授業のツールです。うまく使えば、子ども達の考えを整理できるだけでなく、深めることもできます。しかし、いくら重要といっても「ツール」の一つであり、授業をより良いものに、子ども達の学習をより良いものにするための「手段」に過ぎません。

板書に関しても、「手段の目的化」の観点から、自分は、板書にこだわりすぎているのではないか、と疑って見つめ直してみることも重要だと思います。よく書籍などで見られる美しい板書や構造的な板書を真似して、それを完成させることが「目的」となったような授業をしていないでしょうか。

私は正直言って、きれいな板書を完成させようとかいう意識はほとんどもっていません。授業を受けるのは子どもですから、板書をきれいにしようとする余裕があるなら、もっと子どもを見たいなと思っています。ただでさえ授業中に子どものことをしっかり見るのは難しいですが、板書に気を取られていたらなおさら難しくなってしまいます。何より、教師が気合を入れて黒板ばかり見ているのでは、なんだか本末転倒な感じが否めません。

堀裕嗣先生は、ご著書の中で板書に関して次のように述べられています。

「私がお勧めしたいのは、一時間の授業の板書が構造的でも美しくもない授業をしている先生です。メモみたいな殴り書きとか絵図しかないという先生はもっと注目です。（中略）ここで子どもたちのノートがしっかりしているようなら、間違いなくその先生は一級品の授業をされる先生です。（中略）そういう板書しかしない先生は指導言によって子どもたちに活動をさせているか、子どもたちの交流活動を中心に進めているかのどちらかです。」

（堀裕嗣（2012）『一斉授業10の原理100の原則』学事出版、p.186）

初めこれを読んだ時、私は意味がよく分かりませんでした。板書が殴り書きの教師が一級品の授業？　そんなわけないじゃないかと思ったのです。しかし、今ではこの意味が何となく分かる気がします。板書によって視覚化せずとも、指導言のみで子どもが動き、考えを深められるような授業ができているということになるからです。むしろ、板書をきれいに行うよりも子どもをしっかり見ているからこそ、できる授業が実現されている可能性が高いのです。

堀先生のこのご発言からは、一流の教師は「手段の目的化」を疑う姿勢があることが感じられます。教師はきっとそのほとんどが「板書は美しい方がいい」と口を揃えて言うはずです。しかし、そのようなある意味「常識」であっても、「子どもを伸ばす」という根本的な「目的」を見つめ直す時、「手段の目的化」を疑うべきだということです。

子どもの興味をひきつけることも行き過ぎると……

「子どもの興味をひきつける」

指導案などでよく目にするフレーズです。もちろん、これ自体は素晴らしいことです。普段は学習に消極的な子も、工夫された導入によって興味をもち、授業に参加できることも多くあります。

しかし、これも度を過ぎてしまうと「手段の目的化」してしまうでしょう。

例えば、「子どもの興味をひきつける」という時、多くの教師がイメージするのは単元の導入でしょう。そこで、気合を入れて教材や教具を作り、ゲーム形式で学べるような授業をつくります。確かに、その授業は子どもの受けが良い時が多いものです。しかし、その後の授業で普通の今までの学習に戻ると、逆に子どもはやる気をなくしてしまうこともあります。

「先生、またあの面白いゲームやろうよ」

などと口にするようになるのです。しかも、ゲーム形式で行った授業では、楽しそうで受けが良かった子ども達ですが、意外なほど学習内容が身についていないということもあります。教科書の内容と離れた突飛な内容を扱う時、それが教科書の内容とどのように結びついているのか、というところまで丁寧に指導しなければ、「それはそれ。これはこれ」と切り離されてしまうのです。

このような状態になってしまっては、「子どもの興味をひきつける」という、子どもの学習をより良くするための「手段」が自己目的化していたと言わざるを得ません。突飛なことで子どもの「興味をひきつけた」ところで、それが子どもの成長に繋がらなければ、意味がないのです。

宿題も「手段の目的化」してはいけない

宿題は、最も「手段の目的化」しがちなものの一つです。

宿題の「目的」は、もちろん学習の定着や深化です（ここに「学習習慣の定着」が入るかどうかは意見の分かれるところであり、ここでは置いておきましょう。ちなみに私は、良質な宿題であれば、学習習慣の定着に繋がると考えています）。

特に、宿題の「質」に関して考えていきたいと思います。

多くの教室で宿題として出されているのが「漢字」「音読」でしょう。

例えば「漢字」の宿題として、「新出漢字を10個ずつ書いてくること」という宿題が出されていたとしましょう。

これは、明らかに「手段の目的化」です。

漢字の宿題が出される「目的」は、漢字を書けるようにしたり、使えるようにしたりすることです。

それなのに、「機械的に10個ずつ」書くというのはただの「作業」であり、漢字を書けるようになったり使えるようになったりする上では非効率的すぎます。

まず、「10個ずつ書いてくること」と指示するだけでは、十中八九、子どもは縦にダーッと10個書き連ねてきます。

実は、この練習法は非効率的なのです。

「自分も小学生の時そうやって学習したけれど……」

とお思いになる先生方も多いでしょう。しかし、縦にダーッと連続して書かせると、誤字が多くなります。漢字が苦手な子ほどその傾向は顕著です。これでは、正しく覚えることはできません。

また、ひどい場合だと部首だけ縦に十個書いて、次につくりを十個書き足していくというようなやり方をする子も、少なくありません。これは、子ども自身が漢字を覚えるという「目的」を忘れ、「手段」である「ノートを埋める」ということを自己目的化しているから、そのような方法を採ってしまうのです。部首を十個書く→つくりを十個書くという順番で書いていたら、漢字を正しく覚えられないのは明らかです。それでも「手段の目的化思考」になっていると、「とにかく書けば良い」「とにかくノートが埋まっていれば良い」と考えてしまっているのです。そして、実はこれは教師の「手段の目的化思考」が伝染しているものなのです。教師が、「漢字を書けるようにする」とか「漢字を使えるようにする」という本来の「目的」を見失っているからこそ、「漢字を十個ずつ書いてくる」という思考停止の宿題を出してしまうのです。

では、どうすれば良いのでしょうか。私は「漢字練習は横に書く」ということを子ども達に伝えています。練習する字を書き出しておき、その下にダーッと同じ字を連続して書くのではなく、一文字書いたら横に、つまり違う字へ移り、その字を書きます。その字を書いたらまた横の違う文字に移り、一文字書きます。それを繰り返していくのです。

このようにすると、一文字一文字しっかり意識しながら書くことができます。縦にダーッと連続して書いている時はほとんど無意識で「作業」だったのが、一文字書いたら横にずれて違う字を書くようにすると、一文字一文字のとめ、はね、はらいなどを意識しながら書くことができるのです。そうすると、無意識で書いているよりも断然覚えられます。

また、毎回違う字を書くので一旦「忘れた」ものを「思い出して」書くことになります。この「忘れる→思い出す」という行為を脳科学では「想起」と言い、記憶の強化に繋がると言われています。こういったことを、発達段階に応じて、子ども達にも伝えるようにしています。伝え方は、まず「漢字練習の目的」を「漢字を書けるようになったり、使えるようになったりすること」だと確認するところから始めます。これがないと、「手段」が自己目的化していくからです。そして、その目的を達成するためには「一文字一文字を意識的に書くこと」が重要だと伝えます。そのために、「横に書き進めていく方法」を丁寧に指導していきます。低学年であっても、繰り返し伝えていくことで「目的」と「手段」を履き違えずに把握することができるようになります。

このように、漢字練習一つの質をとっても、「手段の目的化」は起こってしまっています。しかも、教師による「手段の目的化」は子どもにも伝染し、子ども自身も自分の学習において「手段の目的化」を起こしてしまっていることもあります。教師は、まず自分が「目的」と「手段」を明確に把握し、そしてそれを子ども達が理解できるように丁寧に指導する必要があります。毎日行う宿題ですから、それだけ「手段の目的化」に気をつけて取り組ませたいものです。

「子どもを叱らない」のは何のため？

「子どもは叱らない方がいい」と最近よく耳にするようになりました。

確かに、子どもを叱ったり怒鳴ったりして動かす癖がついてしまうと、子どもは萎縮してしまいます。「先生から怒られないように」という思考で動くようになり、その姿はやる気をもってイキイキと自分から動いている姿とは程遠いものです。自分の頭で考えて動くのではなく、「どうやったら先生に怒られないか」という基準で動くようになってしまいます。

教師自身も「こういうやり方でいいんだ」と錯覚を起こして思考停止し、自身の指導力を磨こうとしなくなり、結果的に教師の力量が上がりません。これは事実です。また、怒鳴ることが通用しない子どもに出合った時に、一気に学級崩壊へと向かい始めるでしょう。

だから、教師自身がある程度「叱らない」という縛りを自分にかけて、叱るという手以外の手で子どもに働きかけ、良い方向に導けるようにしていくように努めていくことは教師の力量を高めるための手段として有効です。

こういった理由で子どもを叱らない方がいい、怒鳴るような教師になってはだめだという主張が出回っているのでしょう。これ自体はうなずける話です。

しかし、このことはあくまで子どもを伸ばしたり、教師の力量を高めたりする「手段」であり「目的」ではありません。つまり、「子どもを叱らない、怒鳴らない」のは何が何でもこだわるべきことではないのです。

例えば、子どもがほかの子どもの人権を否定するような行為をした場合、「叱らない方がいい」から、叱らないでおくべきでしょうか。毅然とした態度で叱るべきです。そういうことに対して甘く、いい加減にしておくことからいじめは始まっていきます。また、自分やほかの子どもの身を危険にさらすような行為をしていたら、それを悠然と見ていて良いのでしょうか。大きな声でもなんでも出して、すぐに止めさせなくてはいけません。そうでなくては大事故に繋がりかねません。そうしなくては、ほかの子どもを守れないからです。重要な局面で子どもを守れないことは教師にとって致命的です。

逆に、これらのような重大な案件以外のことで叱るのはあまり意味がありません。叱るよりも、「なぜいけないのか」「どうすれば良いのか（良かったのか）」などをしっかり理解させていく必要があります。例えば忘れ物が多い子に対して、叱りつけてもあまり意味がありません。それよりも、「忘れてしまったらどうすればいいか」「どうすれば忘れないか」ということを一緒に考えてあげる方がはるかにその子の成長に繋がります。

このように、「叱らない方がいい」「怒鳴らない方がいい」というのは、教師の力量を高めるための「手段」であり、それは子どもをより良い方に導くという「目的」と比べれば、何が何でもこだわるべきものなどではないことは明らかなのです。むしろ、どんな時でも「叱らない」と決めつけてしまっている方が思考停止していると言えるでしょう。

手段の目的化は教師の自己研鑽にも

「手段の目的化」は教師の自己研鑽にも見られます。

例えば、教師にとって最も重要な自己研鑽の一つである読書についてです。

教育書を読むのはとても良いことなのですが、それは自己研鑽のための「手段」であり「目的」ではありません。教師の自己研鑽は「自分の教師としての力量を高めていくこと」にほかなりません。ですから、教師が目の前の子ども達に教育実践していく仕事である以上、教育書を読んで知識を得ることはその実践を高めていくための「手段」なのです。実際に自分の教育実践が高まっていかなければ、「手段の目的化」に陥り、自己研鑽のための読書は機能していないと言わざるを得ません。そのため、本を読んで満足するのではなく、それを教室で直接的にも間接的にも生かしていくことが重要です。おススメは、読書した後、つまりインプットした後に、アウトプットすることを心掛けることです。一番手っ取り早いのが、書かれていることをまず試して実践してみることです。しかし、いきなり教室で実践するのは難しかったり、そもそも本書のように「思考」や「あり方」に目を向けた本は、そのまま実践しようがなかったりします。なので、まずは読んだ本の内容をノートにまとめたり、人に話したりすると良いでしょう。それだけでも立派なアウトプットです。アウトプットして初めて、自分のものになっていきます。

また、セミナーや研究会の参加に関しても、「手段の目的化」は散見されます。

本来、休日に身銭を切ってセミナーや研究会に参加すること自体は尊いことです。しかし、ここにも「手段の目的化」は潜んでいます。

セミナーや研究会に参加することが「目的」となってしまってはいないでしょうか。例えば、たくさんのセミナーや研究会に参加したはいいけれど教室で実践が何も変わらなかった、セミナーや研究会に参加するために年休をとったらその間にクラスでトラブルが多発し学年の先生に迷惑をかけてしまった、研究会に参加し、そこで評価を得ることばかりに躍起になってしまう……などなど。極端な例を挙げましたが、多かれ少なかれこのような問題はセミナーや研究会活動につきものだというのが私の持論です。むしろ、会員の全てがこのような問題を全く引き起こしていないセミナーや研究会はないと言っても過言ではないかもしれません。そして、これらの問題の根底は全て「手段の目的化」なのです。

我々教師は、今一度セミナーや研究会に参加する目的は何だったか、と振り返る必要があります。それは、もちろん「教師である自分と子どもの成長のため」です。休日に身銭を切って学ぶ、という尊いことをしているからこそ本来「手段」に過ぎないセミナーや研究会参加などが「目的」となってしまい、「学んでいるから大丈夫」「学んでいるから私はえらい」などと勘違いを引き起こしやすいのも事実なのです。

教師の自己研鑽は何のためか

教師による「自己研鑽」という概念自体についてもう少し深く考えておきたいと思います。これをするのは全て、「子どもの成長のため」です。それなくして教師の「自己研鑽」は全く意味をなしません。

何を当たり前のことを、と思われるかもしれませんが、常に頭に入れて自己研鑽することができているでしょうか。これは、極端に言えば、「子どもの成長のため」に自分のこれまでの経験や得てきたものすらも疑ったり、捨てたりすることができるかどうか、ということでもあるのです。

例えば、自分がこれまである教科の研究に取り組み、それを中心とした学習指導、学級経営をしてきて、ある程度手応えを掴んでいたとしましょう。しかし、ある年受けもったクラスではそれが全く通用せず、学級が不安定になってしまいました。きっとこういう時、教師は非常に焦ります。これまでの自分の研究の成果を否定されたような気持ちになり、それを否定したくて、さらに躍起になってこれまで学んできた手法などをどんどん使っていきますが、子ども達の心は離れていくばかり……。このような時に、自己研鑽は「子どもの成長のため」と本来の目的を忘れなければ、苦境を乗り越えるために自分のこれまでの研究を否定し、さらに深化させていくことができます。しかし、これまでの自分の研究自体が自己目的化していたら、いつまでもそれにすがり、「これが通用しないのはこの子達が特別だからだ」と子どものせいにしてしまうことでしょう。自分が「目的」とするくらい大切にしてきた研究を否定することはなかなか難しいからです。

また、例えば自分が数年間あるいは十年以上かけて、ある教科のある領域の研究を続けてきていたとしましょう。数年間研究を続け、研究会での発表等もこなし、その領域の指導はある程度できるようになってきました。しかし、クラスでの子ども達の様子は一向に変わりません。ふとした時に気づいてしまいます。「あれ、自分がやってきたことはこのまま続けても子ども達の成長にあまり寄与しないのではないか……」と。そんな時に、今までの数年間あるいは十年以上を一旦捨て、また新たな領域に飛び出し、研究をスタートできるでしょうか。それともそれまでの自分の研究、研究会で築いてきた評価や地位にすがり、新しい場所へ飛び出すことはせず、自学級での手応えはあまりないまま同じ研究を続けていってしまうでしょうか。このことも、自己研鑽の本当の目的は「子どもの成長」だという一点を外さなければ道を誤ることはないのです。

人間は「それまでの自分の歩み」を否定するようなことは、できればしたくないものです。しかし、それを見つめ直さざるを得ないことが起きた時に、本来の目的を思い出して、自分のこれまでの研究さえ一旦捨て去り、新たな挑戦を始められるかどうかも、「手段の目的化」を排せるかどうかにかかっているのです。「教師が自己研鑽をし、力量を高めること」さえ、「子どもの成長」という最大の「目的」の前では「手段」でしかないのです。このことを常に頭に入れて、最大の目的を見失わないようにしたいものです。

手段の目的化はなぜ起こるのか―様々な要因―

さて、これまで教師の「手段の目的化」の具体例を挙げてきました。

それでは、教師が「手段の目的化」に陥る要因は一体何なのでしょうか。

まず、「子どものため」と「教師の力量を高めるため」とが混同されていることが大きな原因の一つだと思います。具体例にも挙げた「教師が言わない授業を目指すこと」や「叱らないこと」などは、本来「教師の力量を高めるため」の一種の制限であるはずなのに、いつからかそれが「子どものため」というように勘違いされてしまったのではないでしょうか。時と場合によっては、「教師がきちんと伝えること」や「納得させながら叱ること」で、子どもは成長します。それなのに、授業では教師が言わないで子どもが言えば子どもの学びになる、叱らないで子どもが自分で考えて行動を改めるのが子どもの真の成長だ、のように捉えられてしまったのです。つまり、「子どもの学び」や「子どもの成長」という教育の最大の「目的」であるべきものと結びつけられて捉えられてしまったのです。こうなると、ある種の「神聖化」がされ、その前では教師は思考停止し、疑うことをしなくなってしまいます。自分が目指すべき最大の「目的」である「子どもの成長」ということはどの教師も自覚していることだからです。しかし、元をたどってみれば、初めは「教師の力量を高めるため」の制限、つまり「手段」であったはずなのです。

また、教育という営みの難しさも「手段の目的化」の原因に挙げられるでしょう。どのようなことを教えれば良いかを定めた学習指導要領はあっても、結局子どもをどう育てるか、どのような教育が「良い教育」なのかなどについては、正解はないようなものです。教師一人ひとり、保護者一人ひとりによって正解は異なるでしょう。正解がない中、教師は自分で学び考えることを通して正解を定め、それに向けて子ども達を教育していかなければなりません。その複雑な過程の中で、いつしか本来は「手段」である宿題が自己目的化したり、漢字ノートを埋めさせたりすることが自己目的化してしまうのでしょう。

さらに、教師が「育てたい子ども像」の具体と抽象を結べていないということも原因に挙げられます。例えば具体例にも挙げた「挙手して発言できる子に育てたい」や「挨拶をきちんとできる子に育てたい」「しっかり返事ができる子に育てたい」など、という具体的な子どもの行為、このどれもが「正解」に見えるからこそ、教師は躍起になってこれら一つ一つを、とにかく子どもがすれば良い、という方向で指導してしまいます。そうすると、「手段の目的化」に陥ってしまいます。こうした子ども達の行為は、「育てたい子ども像」の一つの現れではあっても、決して「目的」ではないからです。教師が目指すべきは、「育てたい子ども像」の実現であって、決して行為をさせることのみではないはずです。大切なのは、その行為がどのように「育てたい子ども像」に繋がるかを考えていくことです。その繋がりがきちんと説明できないようであれば、行為を追い求めるのは「手段の目的化」にほかなりません。

最後に、教師が自分を守ることも原因として挙げられるでしょう。人間誰しも自分がしてきたことを否定するのはつらいものです。ですから、これまでの自分の実践や研究してきたことにすがってしまい、「子どもの成長」という最大の目的を見失うことがあるのでしょう。私自身そういうことに何度も陥ってきたと思います。過去の自分の歩みにすがらず、目の前の子どもに合わせて、常に自己更新できる教師でありたいものです。

手段の目的化の問題点
―成果が出にくく、それに気づきもしなくなる―

教師の「手段の目的化」の最大の問題点は、成果が出にくくなることです。本来の「目的」を見失い、「手段」を目的化しているため、当然本来の「目的」を果たせなくなります。例えば、宿題が自己目的化している場合、本来の目的である子どもの学習の定着・深化はほとんどされません。

さらに、「目的」を見失っているので成果が出ていないということに気づけなかったり、成果が出ていると勘違いしてしまったりします。例えば「挙手をさせること」を目的化して取り組んでいて、「挙手をしない子は成績を下げるよ」などと脅して強制的に挙手をさせたとします。「子どもの成長」という本来の目的を完全に見失っている場合、このような状態でも「子どもが手を挙げるようになった」と悦に入り、満足してしまうかもしれないのです。もちろんこれは極端な例ですが、あり得ない話ではなく、これに近いことが教育現場では頻繁に起こっています。

このように、「手段の目的化」による弊害は大きく、深刻です。教師がいくら努力したところで、その成果が出ないばかりか、成果が出ていないことにも気づけず、その上成果が出ていると勘違いを起こす可能性すらあるのです。

自分の力量を高め、子どもを伸ばしていこうとする教師にとって、是が非でも排除していきたいのが「手段の目的化」思考である、と言えそうです。

手段の実行＝成果だと勘違いしていないか振り返ってみましょう

手段の目的化を乗り越えよう
―「目的」に立ち返る意識をもつ―

それでは、「手段の目的化」を乗り越えるには、どうしたら良いのでしょうか。

私は、「教育とは何なのか」「子どもの成長とは何なのか」「自分が育てたい子ども像は?」という最も大きな「目的」に意識的に立ち返るようにすることだと思います。このような最も大きな「目的」は非常に抽象的で、一種の「哲学」のようなものでもあります。

まずは教師自身が読書や自分の経験などを総合させ、自分の頭でよく考えて、このような最も大きな「目的」をもつことです。これがなければ、学習指導要領の文言や学校の管理職から言われること、先輩から言われることをそのまま「そういう子を育てればいいのか」と鵜呑みにしてしまいます。もちろん、学習指導要領の記載や管理職の言うことが間違っているということではありません。それを鵜呑みにして、自分の哲学がないまま子どもの前に立っても、良い教育はできないということです。自分が子どもに発する言葉、態度、教育技術全てを貫く柱となるのが、このような「哲学」です。それが自分の頭で考えたものではなく、人から与えられた借り物では本当に一貫した指導などできないのです。ですから、まずは教師自身が「教育とは何なのか」「子どもの成長とは何なのか」「自分が育てたい子ども像」などという、自身の教育活動の最大の「目的」を定めていきましょう。

それでも、我々教師はそのような抽象的な世界ではなく、「些細なことからケンカをした」「忘れ物がなくならない」「授業中に騒がしい」「給食のおかわりでトラブルになった」など超具体的な世界で四六時中を過ごしています。これは実践者の宿命でもありますが、いくら確固たる「哲学」を

自分の教育「哲学」をもち、常に立ち返る意識をもちましょう

もっていても、このような超具体の世界ではそれを見失いがちです。「哲学」とは具体レベルが違いすぎるからです。ですから、頭では「主体性のある子を育てたい」と考えていても、具体的な実際の授業の場面では「とにかく挙手をさせないと」と「手段」を「目的」と見誤り、間違った手法を採ってしまうのです。それでどうにかして「手を挙げさせた」という具体的事象を目にして満足してしまい、結果最大の「目的」である「哲学」を忘れてしまうのです。

ですから、我々教師に必要なのは、日ごろ超具体の世界にどっぷりつかっているからこそ、そこから具体度のレベルが違う「哲学」をしっかりもつことが重要です。そうすれば、より広い視野、高い視座から具体を見つめ直すことができます。意識的に「哲学」に立ち返ろうとすることで、自らが超具体の世界にハマっていたことに気づき、手段の目的化を排していけるのです。

郵便はがき

料金受取人払郵便

本郷局
承認

3601

差出有効期間
2022年２月
28日まで

1 1 3 8 7 9 0

東京都文京区本駒込5丁目
16番7号

東洋館出版社
営業部 読者カード係 行

ご芳名	
メールアドレス	@ ※弊社よりお得な新刊情報をお送りします。案内不要、既にメールアドレス登録済の方は右記にチェックして下さい。□
年齢	①10代 ②20代 ③30代 ④40代 ⑤50代 ⑥60代 ⑦70代～
性別	男 ・ 女
勤務先	①幼稚園・保育所 ②小学校 ③中学校 ④高校 ⑤大学 ⑥教育委員会 ⑦その他（ ）
役職	①教諭 ②主任・主幹教諭 ③教頭・副校長 ④校長 ⑤指導主事 ⑥学生 ⑦大学職員 ⑧その他（ ）
お買い求め書店	

■ご記入いただいた個人情報は、当社の出版・企画の参考及び新刊等のご案内のために活用させていただくものです。第三者には一切開示いたしません。

Q　ご購入いただいた書名をご記入ください

（書名）

Q　本書をご購入いただいた決め手は何ですか（1つ選択）

①勉強になる　②仕事に使える　③気楽に読める　④新聞・雑誌等の紹介
⑤価格が安い　⑥知人からの薦め　⑦内容が面白そう　⑧その他（　　　　）

Q　本書へのご感想をお聞かせください（数字に○をつけてください）

4：たいへん良い　3：良い　2：あまり良くない　1：悪い

本書全体の印象	4—3—2—1	内容の程度/レベル	4—3—2—1
本書の内容の質	4—3—2—1	仕事への実用度	4—3—2—1
内容のわかりやすさ	4—3—2—1	本書の使い勝手	4—3—2—1
文章の読みやすさ	4—3—2—1	本書の装丁	4—3—2—1

Q　本書へのご意見・ご感想を具体的にご記入ください。

Q　電子書籍の教育書を購入したことがありますか?

Q　業務でスマートフォンを使用しますか?

Q　弊社へのご意見ご要望をご記入ください。

ご協力ありがとうございました。頂きましたご意見・ご感想などをSNS、広告、宣伝用に使用させて頂く事がありますが、その場合は必ず匿名とし、お名前等個人情報を公開いたしません。ご了承下さい。

社内使用欄　回覧　□社長　□編集部長　□営業部長　□担当者

3

「横並び・安定・事なかれ」思考

「横並び・安定・事なかれ」思考とは

三つ目のNG思考「横並び・安定・事なかれ思考」は、「横並び主義」「安定志向」「事なかれ主義」を三つ合わせたものです。

「横並び主義」は、授業の進め方や学級経営など教育活動の手法をほかのクラスや学年、学校と同じにすることを重視する考え方です。「学年で揃える」というフレーズが頻繁に飛び交うほど、学校現場にはこの「横並び主義」が横行しています。しかし、少し冷静になるとこれはおかしいことが分かります。クラスや学年によって子どもは全然違いますし、指導する教師も一人ひとり違います。それなのに教育活動の手法だけを揃えるということは、そもそも不可能なのではないでしょうか。もしできたとしても、そこではクラスの子どもや教師が個性を発揮することができない、没個性的な世界でしょう。私は、これは学校現場の非常に大きな問題の一つだと感じています。

「安定志向」とは、大きな変化を求めず、今までと同じようにやっていくことを良しとする考え方です。これも学校現場では非常に多く見られます。数年間学級担任を続けていくと既に担任したことのある学年を担任することがあります。この際、「教材研究するのが大変だし、前担任した時と同じように授業をすればいいか……」と考えてしまいがちです。これこそ変化を求めない「安定志向」です。このように考えていると、なかなか自分の指導を改善していくことができません。

「事なかれ主義」は、波風を立てないように対応することを言い、問題になりそうなことから目を背ける考え方です。特に近年の学校現場では、子どもに指導をする際も「保護者からクレームが出ないように……」という考え方で指導することが増えてきているように感じます。子どものためというよりも保護者からのクレームが出ないように、という「事なかれ主義」的な考え方で指導してしまっては、もちろん子どもの成長はありません。

このように、弊害の大きい「横並び主義」「安定志向」「事なかれ主義」ですが、どれも根底には「何事もなく、普通に一年間過ごせればそれで良い」という教師の思いがあります。そういう意味で本章ではこの三つを同列で扱っていきます。

もちろん、「何事もなく、普通に」一年間が過ごせれば、子どもにとっても教師にとっても良いことです。しかし、教師がそのように考えて実践している時ほどそのような安定した一年間は実現できないものです。常に「何か改善できることはないか」「こういうことをやってみたらあの子達が学習に意欲をもってくれるのではないだろうか」などと教師が挑戦を繰り返すことで、教師の力量が高まり、子ども達の学校生活も充実してくるのです。本章ではこの三つのNG思考について述べていきたいと思います。

「何事もなく、普通に一年間をやり過ごす」のでは成長しません

横行する横並び主義
―「学年で揃えましょう」―

「学年で揃えましょう」というフレーズは、私が教師になった時から、学校現場で耳にしないことはありません。授業進度、授業の進め方、掲示物、子どもへの指導、宿題の出し方……など多くのことで「学年で揃える」ことが良しとされてきているように感じます。例えば、職員会議等で宿題が話題になった時も、たくさんの意見が出されたのですが、結局管理職から指示されたことは「学年で揃えてください」ということでした。「学年で揃える」ということが絶対的な良いことだとされている節があります。

もちろん、「学年で揃える」ことは悪いことでない部分も多くあります。例えば初任者など「自分でどのように進めていけば良いか分からない」若手教師が多い場合、困ってしまうのはそのクラスの子ども達です。こうした場合、経験豊富な教師のやり方に合わせてやっていくというのは、効率的にそのような若手教師の教室を良くしていく方法の一つではあると思います。

しかし、そういう状況ではないのにもかかわらず何でもかんでも「揃える」ということには、私は反対です。なぜなら、「揃えること」が正解になってしまい、教師が自分の頭で考えなくなってしまうからです。

元々、教育は非常に創造的な営みだと思います。子どもの実態に合わせて、教師が頭をひねり苦戦しながら、なんとか最適解を見出そうとしていくところに教育の神髄があると思います。それなのに、他クラスと揃えることが正解になってしまっては、教師が目の前の子どもに合わせてよく考えたり、工夫したりする余地がなくなってしまいます。教師も子どもも違うのに、やっていることはどのクラスも同じ、という「没個性の世界」が広がってしまいます。

そもそも、なぜ「学年で揃えましょう」という考えになるのでしょうか。それは、「保護者からのクレーム」を気にしているからにほかなりません。「なぜ隣のクラスは○○しているのに、うちのクラスでは○○してくれないのですか?」などのクレームを気にしているからです。その盾として、「学年で揃えて行っていますので」と言うために学年で揃えていることが多いのだと思います。親のクレームに配慮して、子どもの実態に合ったことができないなんて、これほど本末転倒なことはありません。

本当の意味で「揃える」ことは不可能に近い

平等性を保つために「揃える」ということも、揃えることの理由として一理あるように思えますが、本当の意味で教育を「揃える」ことはほぼ不可能です。

また、手法は揃えることができても、成果は揃えることはできません。

例えば、学年で、ある単元の授業の進め方を揃えたとします。力量の高い教師が学年の教師に教材観や発問、単元のポイント等を説明し、一時間一時間の流れなども詳細に伝えたとします。それでも、成果はおろか手法すら全てを揃えることなどできません。

力量の高い教師は自身の教材研究と経験で掴んだものがありますから、どのような意図で発問を配列しているか、学習活動の指示をどのように出すか、どのタイミングで交流をさせるか、など言語化できない部分まで意識化できています。

若手教師は、当然そこまで意識できていません。そのため、同じ発問、学習活動を子どもに行わせたとしても、力量の高い教師と同じ成果は生み出せないばかりか、結果的に全く違う授業になってしまうことも多々あるのです。

これは、ほかのことに関しても言えるでしょう。学級経営の方針を揃えたところで、それを運営する教師が違い、子どもも違えば、同じようにはできないのです。

つまり、「学年で揃えましょう」と言っていても実質的には揃えられていないことも多々あるのです。そうなってくると、この「学年で揃える」という意味は、保護者への申し訳でしかないことがますます明確になってきます。

若手は特に注意したい―横並び主義による思考停止―

「学年で揃える」に代表される「横並び主義」の最も大きな問題点は、思考停止することです。今は、学年はおろか学校全体、自治体全体で「揃える」文化ができあがってきています。聞くところによると、ある自治体では「授業の最初に必ずめあてを示し、最後に必ずまとめを示すこと」と「スタンダード」で決めているところもあるようです。初任者など、本当に授業をどのようにしたら良いか分からない、という場合、こういったことを定めてまずは型から学んでいく、というのもいいかもしれませんが、ベテランも中堅も初任者もひっくるめてこのルールの下で授業をしなくてはならないとなると、教師が自分で考えなくてなってしまうのではないでしょうか。

もちろん授業の初めにめあて提示がくる授業があってもいいですが、そうでない授業も多々あります。皆でまず感想を出し合っていき、そこからその時間の学習のめあてをつくっていくような授業があってもいいではないですか。そのような授業をしたくても、できなくなってしまいます。そして、このようなルールができてしまうと、今度は授業を見る視点が「きちんとめあてを初めに出しているか」などとなってきます。挙句の果てに授業を参観した先輩や管理職から「めあてを初めに出さなくてはダメじゃないか」と指導されることも出てくるかもしれません。

こうした状況で最も被害を受けるのは初任者や若手教師です。とにかく「めあてとまとめをするように、揃えること！」とだけ指導を受け続け、機械的にそれらをする癖はつくものの、何のために「めあて」や「まとめ」があるのか、それらが子どもの学習にどのように寄与するのかあるいはしないのかなどということを一度も自分の頭で考えなくなってしまうからです。なぜなら、「揃えて」さえいれば何も叱られないからです。「揃える」ことが正解になってしまうからです。なぜめあてとまとめを書くのかと言えば、「決められているから」となるのです。これでは、せっかくの若くて柔軟な考え方が全く生かされません。

私が思うに、斬新な実践ができるのは、若いうちです。学校現場にいればいるほど、考えが学校現場という枠に合わせて固定化していくからです。それよりも、現場をほとんど知らない、教師になりたての若手教師の方が新しい実践ができると思います。自分の特性を生かし、子ども達が夢中になって学んでくれる学習を創れた時、教師という仕事の本当の楽しさを感じることができます。

ですから、若手教師が「揃えること」を正解にしていくことは非常にもったいないことですし、教職の楽しさを感じさせてあげられないことに繋がると思います。先述のように、揃えようとしたって本当の意味で揃えることはできないのです。それだったら、周りからアドバイスする程度にとどめ、あとは自分で考えて教育活動を行っていくべきだと私は思います。もちろんうまくいかないことも多いですが、そういう失敗こそ自分の糧になりますし、教師の成長にとって遠回りのように思えて実は近道だと思います。

若手教師には自分で考えさせるように周りの教師がサポートすべき

私は、幸いこれまで学年主任に非常に恵まれてきました。初任の年から、ある意味「自由に」やらせて頂きました。極端に揃えることは強要されず、学年として足並みを揃えるべき最低限のところは揃える程度でやってくることができました。本当にそのことには感謝です。

初任の年、今思えば私は、現場のことなんてほとんど何も分からず、校務分掌もほとんど受けもたずに、それでも生意気に「こういうことをやってみたい」とか「自分で考えてやってみたい」という思いだけは、もっていました。きっと学年主任から見たら扱いにくい初任だったはずです。それなのに、当時の主任は、私のやることを否定しませんでした。その年、私は学級で目標達成法という手法を採り入れていました。これは、学級で生活目標を決め、それを達成したらポイントがたまっていき、お楽しみ会などをするという手法です。私は、達成した目標を画用紙に書いて教室に掲示していました。「帰りの支度を4分間でする」「30秒間できれいに並ぶ」などです。ある日、学年主任が私に用事があって私の教室に来られました。その際、掲示物に気がつきました。じーっとそれを見ていました。私は、内心「まずい、何も許可をとらずに始めてしまったのが主任にバレた……勝手にお楽しみ会とかやったらまずかったかな……」と焦りました。しかし、主任は振り返って、「土居さん、この取り組み……いいね！　うちも真似させてもらうわ」と笑顔で言って教室を出て行かれました。

私は、この時、肩の力がスッと抜けると共に学年主任のことを心から尊敬するようになりました。まだ教師になって間もない私の取り組みを否定せず、全面的に肯定してくれたのです。このような主任に恵まれ、私は初任の年からとにかく自分で考えて授業実践や学級経営をすることができました。

授業実践では、説明文の指導を工夫しました。説明の内容を読み取るだけでなく、筆者の意図などについても深く考えられる力をつけたい、という思いから筆者役と質問をする記者役に分かれて質問をしたり答えたりする「記者会見」という学習活動を創出しました。子どもたちは準備段階から非常に熱中し、給食を早く食べ終えて筆者役同士、記者役同士で集まって作戦会議をするほどでした。実際の活動も白熱し、筆者の深い意図まで話が及びました。また、この実践の様子を研究会の夏の大会で発表することもできました。

初任の年から現在に至るまで、自分なりに問題意識をもったことに関しては徹底的に自分で考えたり、読書して情報を集めたりして、自分なりの実践を創ってくることができたつもりです。そのような教師人生を歩めるようになったのも、私は初任の年に主任をはじめとする学年の先生方に「自分で考えるように」育てて頂いたからだと思っています。若手教師が自分で考えて教育活動を行っていけるようになるには、周りの教師からの理解やサポートが不可欠です。もちろん、「自分で考える」と言っても、全て一から考えるわけではありません。指導書なり教育書なりを参考にしつつ、適宜周りの教師からも助言していくことは必要です。重要なのは、若手教師に「この課題を解決するにはどうしたら良いのだろう」という課題意識を自分からもたせることです。その意識のもと、本を読んだり、先輩に助言をもらったりするのと、「揃える」ということを正解にしてしまい、思考停止状態になるのとでは大きな違いがあるからです。

何を揃え、何を揃えないべきか

とはいえ、何も揃えずに各学級自由で、というわけにはいかないのが現在の学校現場です。それでは、何を揃え、何を揃えない方がいいのでしょうか。ここでは、「学年」という単位に絞って考えてみましょう。

まず、揃えておいた方が良いことについてです。私は、「授業進度」はある程度揃えるべきだと思います。やはり、学習すべき内容が終わらないということは大問題になります。学年全体に影響が出るくらい大きな問題です。授業進度を揃えないでいて、気がついたときには若手教師の教室が手をつけられないくらい遅れていた、ということになることも考えられます。また、掲示するものも最低限は揃えて良いと思います。例えば「次の参観日までに図工の絵と自己紹介カードは掲示するようにしましょう」などです。掲示物にこだわる教師がいれば、それに加えてほかにも掲示することは可とすれば良いと思います。

次に、揃えるべきではないと思うことについてです。授業進度は揃えても、授業内容は揃えなくていいと考えます。これは、先ほどまで述べてきているように教師が最も思考すべき授業の仕方について思考停止状態になってしまうからです。もちろん、学年の中でその教科に精通している教師が「この単元はこのように進めるといいですよ」などと大枠を示して大体の流れを揃えることとくらいは問題ないと思います。また、学級経営の方針などについても、揃えるべきではないと思います。もちろん「いじめのないクラス」など絶対的に共通することはあるとは思いますが、学級経営は教師自身の考えや子どもの実態を大きく反映させていくべきだと思います。

このように、授業や学級経営など教師の仕事の重要なところは、やはり自分で考えて行っていくようにすべきだと私は考えています。自分で考えて行うということは、自分で責任を引き受けるということです。自分で責任を引き受けてこそ、プロとしての在り方ですし、そこから成長は始まっていくと思います。

「横並び主義」の問題点と乗り越え方

それでは、「横並び主義」の問題点と乗り越え方をまとめます。

まず、問題点は教師や子どもの個性が全く生かされなくなってしまうということです。そして、教師の中で「揃えること」が正解化していき、自分で考える力が全く伸びません。これは、その教師にとっても、子どもにとっても不幸なことです。

次に「横並び主義」の乗り越え方についてです。まずは周りの教師のサポートが必要です。若手教師が自分で考えられるようにすることが重要だと意識していくことです。一人ひとりが自分で考え、それを共有し「それ面白いね」などと言い合え、認め合える関係づくりが大切だと思います。そして、揃えることを全面的に良いことと捉えず、揃えることと揃えないことを区別していくと良いでしょう。また、個人としては、たとえ学年、学校の方針で「揃えて」いたとしても、「揃えているから」「決められているから」で思考停止せず、「なぜそれをやるのか」ということを自分の頭を使って考えていくことが重要だと思います。例えば先に挙げた例で「めあてとまとめを書かなくてはいけない」という例がありました。学校事情や学年事情でどうしてもそれをせざるを得ないのであれば、「決められているから」で思考停止せず、自分なりに「めあてとは何のためにあるのか」「まとめはどのようにしたら子どもにとって有効か」などを自分で考え、工夫を加えていくと良いです。めあてとまとめを書くことで揃えつつも、そこに自分なりの工夫を加えていくことで教師の考える力は確実に伸びるはずです。

「安定志向」は教師の進歩を妨げる

「安定志向」はどうしても教師の脳裏に付きまとう考え方です。近年、多忙化や保護者からのクレームなどによって心を病み病休に入る教師が後を絶ちません。そのような教師を見ていて「明日は我が身。何とか今年も去年と同じように無事に過ごせますように……」と考えるのは全ての教師に共通しているのではないでしょうか。私も「明日は我が身だ」と常に思っています。

しかし、「明日は我が身」だからこそ、「去年と同じように」ではいけないのです。ベテランの教師が「子どもが変わった」「話を聞いていられなくなった」などという言葉を口にするのをよく耳にします。確かに、子どもは変化してきているようです。それなのに、教師が変化していかなくては、子どもの変化に対応しきれません。

また、いくら昨年のクラスが安定したとはいえ、「去年と同じように無事に……」という思いで実践していると、担任する子どもは入れ替わっているわけですから、なかなか同じようにはいかないものです。昨年のやり方がたまたま昨年のクラスの子ども達にフィットしていただけ、ということもあり得ます。昨年保護者からクレームがなかったのは、たまたまクラスの保護者が寛容だったからかもしれません。それにもかかわらず「去年と同じ」でやっていては、むしろ同じような安定はつくりだせないのです。

「現状維持は一歩後退」という言葉がありますが、この精神をもつことが教師にとっても大切です。「現状」がベストであるという保証はどこにもありません。常に前進、改善を繰り返している者だけが、真の安定をつくりだせるのです。現状維持を信条とする「安定志向」では、現状に合わせて自分や自分の指導を進化させていこうとする意識に欠け、結果的に教師や子どもの成長を妨げてしまうことがあります。

行き詰まりを見せた「一人一役当番システム」

私は初任の年、当番活動を公平に行わせたいと考え、仕事を細分化し一人ひとりの役割を明確に定めた「一人一役当番システム」を用いていました。初任の年は、これがうまく機能しているように見えていました。当番をサボる子もほとんどおらず、不満の声も上がらなかったからです。初任の私はこのシステムに非常に助けられましたし、手ごたえを感じていました。

しかし、2、3年間それを続けていると、私はこのシステムに不足を感じるようになりました。自分の決められた仕事以上のことをしない子どもの姿が目につくようになってきたからです。例えば、目の前に乱雑に片づけられた掃除用具があったとしても、「掃除用具整理当番の人ー？　掃除用具汚いよー」などと言って、自分で片づけようとしないのです。初めはシステムが機能していたように見えていましたが、少し経験を重ねていくとこのような姿が見えるようになっていきました。恐らく、このような子どもの姿は初任時からあったはずです。私がそこまで見られていなかっただけだと思います。教師が経験を重ね力量も上がってくると、同じ光景が繰り広げられていても見えることが増えてくるのです。

安定して機能していた「一人一役当番システム」ですが、不足を感じた年に早速、私は改善することにしました。今までの当番を全て廃止にし、「クラスに必要だと思う仕事」を紙に一人ひとり書かせ、それを自分の仕事とすることを宣言させることにしました。この際、「自分がやりきれるのであれば、いくつ書いても構わないし、生活していく中で新たな仕事に気づいたら書き足していって良い」というルールにしました。それまでは、私が仕事一覧を作成し、そこから子どもに選択させ一人一役当番としていましたが、毎日生活してきている教室で、子ども達自身が何かしら必要な仕事に気づくはずです。自分で気づき、やると宣言した仕事の方が、より責任感をもって仕事に取り組むのではないかと考えました。また、「いくつでも構わない」「仕事を増やしていって良い」とすることで、自分の意欲の限りたくさんの仕事をしたり、新たな仕事に気づいて自主的に取り組んだりするのではないかと考えました。

子ども達の反応は上々でした。中には五つも仕事を書き出し、すべて立派に果たす子も出てきました。途中で、「先生、ここの棚を整理する当番をつくっていいですか」など、問題点や仕事を自分から見つけ、自主的に解決しようとする姿勢も見られました。

このように、一見安定しているように見えた「一人一役当番システム」も、不足が見えたら躊躇なく改善していくことで、さらに当番システムを創り出すことができました。

行事提案も少しの改善を加えて

ある年、私は応援団の責任者になりました。当時の勤務校では、応援団のスタンダードのようなものがあり、数年前に力のある教師が作成した指導計画をそのまま踏襲して数年間行われてきていました。もちろんその指導計画も素晴らしいものでしたが、一点改善点が目につきました。それは、応援団としての活動の「締め」がないということでした。応援団の仕事は、午後の部の最初の応援合戦をして終了というものでした。せっかくこれまで長い間練習をしてきたのですから、応援団としての役割を「締める」場があっても良いのではないかと私は考えました。

そこで、例年、結果発表して終了となっていて少し味気なかった閉会式の一部に「応援団の解散式」を入れてもらえないか、と管理職や体育主任に提案することにしました。「解散式」と言っても、結果発表の後に組同士が互いの健闘をたたえ合って最後のエール交換を応援団中心に行い、エール交換終了後に応援団を解散するという流れの短時間のものでした。

ありがたいことに管理職も体育主任も提案を快諾してくれ、当日は解散式を行うことが出来ました。勝った組も負けた組も解散式の後は晴れ晴れとした表情を浮かべており、良い「締め」になったと感じることができました。

「安定志向」の問題点と乗り越え方

さて、「安定志向」の問題点をまとめておきます。

まず、問題点は「安定志向」でいくと教師の進歩を妨げ、結果的にクラスに安定を創り出せないという皮肉を招くことです。教師という仕事は基本的に一年ごとに相手にする子どもが入れ替わる仕事です。そのため、ずっと「去年と同じで……」とはいかないのです。教師自身が力量を高めていくためにも、子どもを伸ばすためにも、現状維持や安定志向は排していくべきです。

次に乗り越え方についてです。それは、常に「変化を恐れない」ことです。変化しないことこそ退化なのだと捉え、不足や不満を感じたらすぐに改善の方法を探すことです。力量の高い教師ほど一定の手法を確立しているように見えますが、皆、毎年毎年改善を加えているものです。「現状維持は一歩後退」の精神で日々前進、改善を意識していきましょう。

「事なかれ主義」―「ごめんね、いいよ」指導(?)―

最後に「事なかれ主義」についてです。

子ども同士がケンカをしたとします。この時、多くの教師が「とにかく謝罪をさせよう」とします。いわゆる「ごめんね、いいよ」指導にもっていこうと考えるのです。もちろん、謝罪させることは大切なことですが、謝罪させることだけに躍起になってしまうと、子どもが納得したり何がいけなかったか理解しなかったりして、根本的な問題は解決せず、同じような問題が何度も起こります。また、子どもが帰宅した後に保護者から電話がきて「うちの子の言い分は全然聞いてもらえずに一方的に謝らされた」などと余計こじれることもあります。

このような指導の何が問題かというと、子どもをより良い方に導くべき教師の頭の中がトラブルが起きた時などに「まずい。このままだと保護者からクレームが来てしまう。できるだけ問題が大きくならないうちに、とにかく謝らせてしまえば良い」などという「事なかれ」的な考えでいっぱいになってしまっていることです。そのため、問題の本質が見えなくなっているのです。問題の根本的な解決や子どもの成長よりも、「謝罪した、謝罪された」という既成事実をつくることに躍起になってしまっています。

教師が「事なかれ主義」に陥るのは、保護者からのクレームを恐れていることが最大の要因だと私は考えています。極端な話、どんな指導をしていても、目の前の子どもの背後にその保護者の顔が思い浮かんでしまっているのです。そうすると「どうしたらこの子達にとって良い方に導くことができるか」という考え方ではなく、「どうすれば保護者からクレームが来ないように、事を大きくせずに済ませられるか」と考えるようになってしまうのです。

このことに代表されるように、教師が純粋に「子どもの成長」を思って指導するというよりも他のことで頭がいっぱいになり、とにかく「事が大きくならないように」と考えてしまうことが教師による「事なかれ主義」です。

強く指導すべき時にも強く出られない

教師が一旦「事なかれ主義」に陥ってしまうと、強く指導すべき時にすら、それができなくなってしまいます。例えば、子どもがほかの子どもの人権を侵害するような言動をしている時。こういう時は教師が迫力のある（怒鳴るなどではない）強い指導をすべきだと私は考えています。そうでなくては教室の秩序は保てませんし、何より人権を侵害されている子どもを守らなくてはいけません。しかし、「事なかれ主義」に陥ってしまっていると、「もし強い指導をして、子どもが不満をもって家で文句を言って保護者が出てきたらいやだな……」などと考えてしまい、強い指導をすることができず、結局中途半端に終わるのです。指導しようとしている子どもが、対応の難しい子だったり、保護者からのクレームが頻繁にくる子だったりすれば、この傾向はより顕著になるでしょう。「これ以上言ってこの子を敵に回したくないからこれくらいにしておこう」とか「保護者からクレームが来てしまうから、少し注意するだけにしよう」などという具合です。このように問題を大きくしないように、ということだけを気にして、被害者の子ど

思考停止、現状維持、保身を招く「横並び・安定・事なかれ」思考

もをしっかり守らず教室の秩序すらも乱してしまう危険性が「事なかれ主義」には潜んでいます。

子どもの怠けを追及できない

また、子どもが怠けたりごまかしたりしたとします。そういった場面を見逃してしまったり、甘く済ませてしまったりすると、「この先生は甘い」と見抜かれ、一気に子どもは低きに流れるようになっていき、成長していけなくなります。子どもの怠けを見抜きつつ、それに適切な指導をしていくことが、ポジティブに成長し続ける学級をつくる上で非常に重要です。もちろん怒鳴りつけるとかそういった野蛮な方法ではなく、「○○さん、やり直しです。なぜか分かりますか」とか「○○さん、あなただけどうして××しないのでしょうか」などと冷静に、なおかつ「先生は見ていますよ」というメッセージを出して子どもも自身に考えさせていくようにします。しかし、こういった場面でも「事なかれ主義」は教師の足を引っ張ります。

例えば、怠けた子どもに対して指導しようとしても、「これを追及してこの子に反抗されたらどうしよう」とか「不満をもって家に帰って保護者に、自分だけ立たされたとか言ったらどうしよう」などと躊躇してしまいます。そうすると、指導も中途半端になりがちでうまくいきにくくなってしまいます。

結局、このような指導は子どもにそういった姿が見られた一瞬、その一瞬が勝負ですが教師の心の中に戸惑いがあるとその一瞬一瞬を逃してしまうことになるでしょう。

「一枚ももらえない子がいたらどうしよう……」

1年生を担任した時、子ども達に楽しく自らすすんで書く力をつけたくて、友達同士で手紙を出し合う「クラス内文通」という実践に取り組んだことがあります。

当時私は、書くことの研究に取り組んでいました。そして、1年生にどうにか「書くって楽しい」と思ってもらえないかと頭をひねり、この実践を思いつきました。友達に伝えたいことを習いたてのひらがなを使って一生懸命書き、それを届けさせたらどうだろうと考えたのです。きっと子ども達は「文字で書いて伝えるっていいなぁ」と思ってくれるだろうと考えました。これを思いついた時は「これはいける！　絶対子ども達が楽しく書いてくれるだろう！」と興奮していました。しかし、いざ明日子ども達に活動を紹介しようという日、私はある思いにかられました。それは、「友達から一枚も手紙をもらえなかった子がいたらどうしよう。その子が書くことが嫌いになってしまったら……。挙句の果てにクラスや学校が嫌いになってしまって学校に来なくなってしまったらどうしよう……。そうしたら間違いなく保護者からはクレームが来るだろう。どうしよう」などという思いでした。

しかし、この「一枚ももらえない子がいる問題」が絶対起きないようにするには、書く相手を教師が決めて強制的に書かせるしかありません。これでは、私の当初の思いである子どもが楽しく、自らすすんで書くということは到底達成できませんし、強制的に書かせたところで「書くのが楽しい」とはならないはずです。言われて仕方なく書くのではなく、自分が書きたいから書く、あの友達にこの思いを伝えたいから書く、という状態をつくりださなくては意味がありません。ここは譲れないところでした。

それからあれこれと考え、メモが書き込めるクラス名簿を全員に渡し、手紙を出した子の欄にチェックを入れさせることにしました。そうすることで、まだ手紙を出していない子を可視化させることにしたのです。また、手紙を書く時、仲の良い子であればすぐに書けます。しかし普段あまり関わりのない子にはなかなか書けません。そういう時は、よくその子のことを見る必要があります。そして、書きたいことを見つけた時に名簿にメモさせるようにしました。例えば「掃除を頑張っていた」とか「友達にやさしくしていた」などです。いわば手紙を出す相手に関する取材メモです。そしていざ手紙を書く時にそのメモを活用しながら書かせることにしました。こうすれば、普段あまり関わりのない子にも無理なく手紙を書くことができるのではないかと考えました。

実践の結果は大成功でした。子ども達は友達に手紙を書くのに夢中になりました。クラス全体で一日平均90通以上も手紙が出されました。私はそれらすべてに目を通し、一人ひとりのポストに振り分けていきました。毎朝登校すると、子ども達は一目散に自分のポストのところに行き、嬉々とした表情で手紙を読んでいました。休み時間も使ってお返事を書く子もいました。心配された「一枚ももらえない子がいる問題」も、クラス名簿をうまく活用したことで乗り越えることができました。活動を始めてみれば、「あの子に出してないから今日はあの子をよく見よう」というように、子ども達は自分で考えてなるべく皆に出そうとしていました。子どもがこちらの予想を上回ってきたのです。

「事なかれ主義」の問題点と乗り越え方

それでは、「事なかれ主義」の問題点と乗り越え方をまとめます。

まず問題点は、指導が本来の目的からずれていってしまうことです。この大きな原因の一つが「保護者からのクレームに対する恐れ」です。保護者からクレームが来るかもしれない、と一旦考えてしまうとその考えに支配され、事の本質を見失ってしまうのです。

乗り越え方は、自分の信念を貫くべきと思ったら迷わず貫くことだと思います。ここは「ごめんね、いいよ」指導をしても解決しないなと思ったら、とことん話し合わせれば良いですし、「ごめんね、いいよ」仲直り！　とはいかない根の深い問題であれば距離を置かせるのも重要なことです。その時はスパッと解決しなくても、後々から見ればそれらの方が状況は好転します。例に挙げたクラス内文通での「一枚ももらえない子がいる問題」でも、一瞬「事なかれ主義」の考えが頭をよぎりましたが、それを信念を貫く形で乗り越えることで、より良い実践にすることができたと思います。譲れないところは「事なかれ主義」に毒されることなく、貫くべきなのです。

「何のため」を常に考え、変化を恐れず、貫く信念をもちましょう

4 極論思考

極論思考とは

極論思考とは、文字どおり物事を「0か100か」「右か左か」の極論で考えてしまうことです。教育界には、この極論思考が非常に多く見られます。

例えば、学校教育で重視して育成すべき力は基礎学力か考える力や活用する力かという問題。このことは教育界の永遠の課題と言っても良いくらい、ずっと議論されてきています。しかし、いまだに解決されていないように感じます。学習指導要領が改訂され「資質・能力」の育成が叫ばれ「何を知っているか」よりも知識や技能を活用して「何ができるか」が重視されるようになりました。とは言え、その「何ができるか」ということも、その基礎となる知識技能がなければ活用しようがないとも言えます。

つまり、正解は「どちらも重要」ということなのでしょう。これは冷静に、客観的に考えれば分かることです。しかし、教師は「どちらかが絶対的に重要」と考えがちなのです。なぜかといえば、自分が力を入れてきた、あるいは研究してきた方を正当化しようとするからです。

基礎学力の向上に力を入れてきた教師は「基礎学力をつけさえすればいいのだ」と考えがちです。自分がこれまで長い期間力を入れて研究してきて、基礎学力を伸ばした子どものイキイキとした表情を知っているからです。

一方、思考力や活用力の育成に力を入れてきた教師は「いくら基礎学力を育てても社会に出たら使わない。活用できなければ意味がない」と考えがちです。子ども達の活用力を鍛えれば鍛えるほど、教師の予想を上回るほどの成果を見せるようになっていくことを知っているからです。

このようにして生み出されるのが、教師による「極論思考」です。経験と子どもの姿という手ご

「0か100か」という極論思考に陥っていませんか？

たえがセットになり、もう一方の極論主張者を言い負かしたいという欲求も複雑に絡み合って、当の本人は無自覚になってしまっていることも多いのが実状です。

「基礎か活用か」に対する私の考え

例として挙げた「基礎か活用か」という問いに対する私の考えは、「どちらも正解」です。正確に言えば、「子どもの状態によって変わる」ということです。

例えば、説明文指導で筆者の意図を考えさせたり、その筆者の意図に対して自分なりの考えをもたせたりしようとしている時に、子ども達が文章をろくに音読できていなかったり、文章内容をほとんど読み取れていなかったりすれば、できるはずがありません。この場合、明らかに「基礎を固めていく」ことが優先になります。そうでなくては、子ども達の実態とかけ離れた、子ども不在の授業になってしまいます。

反対に、子ども達が音読もしっかりでき、文章内容や構造をばっちり読み取れているのに、ずっと音読や文章内容をなぞるだけの学習をしていては、それはそれで子ども不在の授業であり、意味がないと言えます。子どもの実態とかけ離れてしまっているからです。もっと「考える」学習を取り入れていくべきです。

つまり、重要なことは「基礎か活用か」という不毛な議論などではなく、子ども達の実態に合った学習を実現できることこそ重要であるということです。私自身は、以前まではどちらかというと「思考力・活用力」の育成に力を入れてきました。大学からずっと国語科の読解指導を研究してきていて、子ども達に高度な読みをさせることこそ至高だと思っていたからです。音読や文章内容の読み取りなどは軽視していました。「音読などよりも筆者の考えを批判させるなどの学習の方こそ、価値があるのだ」と「極論思考」に陥っていました。難しいことを考えさせる発問や学習課題ばかり授業で扱っていました。

今思えば、それについてこられている子は少なかったはずです。多くの子どもの実態に合っていない授業をしてしまっていました。教師である私は国語の授業に力を入れているのに、子ども達は国語の授業があまり好きではない、という状態も見受けられ、非常にショックを受けました。「次の時間、国語かー」という声が聞こえてきたこともありました。これでは、本末転倒だと考えを改めました。もっと子ども達の実態に合った授業をしなくてはいけないと思い、子ども達をよく見るようにしました。

子どもの実態に合っていない授業をしても、それはほとんど意味を成しません。自分のこれまで研究してきたことや個人的な主義主張はもちろん大切ですが、それに子どもを当てはめるのは本末転倒です。このようなことに陥るのも、どちらかが正解でどちらかが不正解と捉える「極論思考」が原因なのです。

内容か形式か

国語科教育の世界でも古くから「内容か形式か」という議論が続けられてきました。内容とは、子どもが読んだり書いたりする文章内容のことです。一方、形式とは子どもが読んだり書いたりする文章の形式や文字のことです。この二つのどちらを重視して指導すべきかということで議論がなされてきたわけです。

内容主義者は、文章は内容こそが重要であり、子ども達に内容を考えさせたり読み取らせたりしていれば力がつくと主張していました。これに関しては納得のいく話です。中身のある文章を書けるようになったり、書かれている文章の内容を的確に読み取れたりしてこそ、国語の力がついたと言えるでしょう。言葉は内容を伝えるための手段ですから、その内容の充実こそ重要だと捉えられたわけです。

形式主義者は、子ども達に文章を構成する語や文体について指導していくことが、子ども達に国語の力をつけさせるのに重要だと主張していました。確かに、これについても納得のいく話です。いくら良い内容が思いついていても、語や文体について知らなければなかなか文章は書けません。語や文体について知らなければ、文章を読んで理解することも難しくなるでしょう。自分の考えを伝えたり、書かれている内容を読み取れたりするようになるためにも、形式を指導していくことが重要だと捉えられたわけです。

こうした指導論としての内容主義と形式主義は、文の内容と形式とは対立させるべきではなく、その両者は相互に内在的関係に置かれるべきだと主張した垣内松三の「形象理論」や、子どもは子ども自身の必要を満たすために国語を学ぶのだという芦田恵之助の「児童中心主義」によって打破されていきました。その結果、延々と内容に関する問答をする教師や言語要素の反復練習に終始する教師はいなくなりました。しかし現代では、学習活動として内容面を重視したものと形式面を重視したものとが存在しており、「子どもの学習にみられる形式主義と内容主義」という課題が発生するなど、「内容か形式か」という問題は国語科教育において非常に根深い問題なのです。

このような内容主義と形式主義の対立も、恐らくはその論者による「極論思考」が背景にあったと思われます。内容指導こそ至高、あるいは形式指導こそ子どもに本当の力をつける、といった極論思考が、子どもの姿を根拠としてあったはずです。ここで厄介なのは、それぞれの論者にも根拠として「子どもの姿」があったはずだということです。これがあると、教育者はなかなかその確信から抜け出せなくなります。そして、互いが互いの正当性を主張し合うという構図が生まれていくのです。これを打破したのがその両者の中道を主張した垣内や芦田でした。このことから、両者の論を止揚したと言えるでしょう。教育においては、中道こそ至高と言えるかもしれません。

丁寧な指導か、自主性を重んじた指導か

子ども達に対して、一から十まできっちりと分かりやすく指導し、子どもが失敗しないように丁寧に指導することを信条とする先生がいます。一方、子ども達に対してその自主性を重んじて余計なことはあまり言わず、時には失敗さえも経験させようとする先生もいます。このような、教師の指導方針にも「極論思考」が入り込んでしまうと危険です。

前者のような「丁寧指導」の教師は、ともすると「口うるさい」教師になってしまうことがあります。全員が分かりやすいように、ということを意識しすぎて、子どもがやることに対してついつい教師が話し過ぎたり、口を出し過ぎたりしてしまうのです。例えば、活動に入る前の説明がやたらと長い先生がいます。これから活動をしようとわくわくしているのに、教師から注意点や禁止事項を延々と話されたら子どもも嫌になります。

後者のような「自主性重視」の教師は、ともすると「放任主義」の教師になってしまうことがあります。教師はなるべく前に出ず、子どもの自主性を！　と思うばかり、指導すべき時に指導できなかったり、中途半端になったりしてしまうのです。例えば、子ども同士で深刻なトラブルがあったにもかかわらず、「これも経験だ」などと捉え、子ども達自身で解決させようとする先生のもとでは、トラブルが解決して子ども達に自律的な力がつくどころか悪化してしまい、手がつけられないくらいこじれてしまうこともあります。

これらの根底の問題も、「極論思考」です。

もちろん、丁寧な指導も、子どもの自主性を重んじた指導も大切なことに変わりはありません。しかし、そのどちらかだけに偏ってしまっては、適切な指導はできなくなってしまいます。

私自身はどちらかというと、高学年を担任することが多かったため、「子ども達の自主性」を重んじている方でした。それでうまくいっている、という手ごたえもありました。ですから、ほかの先生方が指導しているのを見て、「話が長すぎるなぁ」とか「そんなに一から十まで説明しなくても子どもは分かるでしょう」などと生意気にも思ってしまっていました。

しかし、そのような考えは、初めて1年生を担任した時に大きく打ち壊されました。それまで高学年の担任しかしたことがなかった私の説明では、多くの子ども達は全く理解できなかったのです。自分なりには丁寧に説明したにもかかわらず、実際の活動にうつってみると全く伝わっておらず、誰も動き出さないというようなこともありました。私は、自分の説明の下手さを嘆くと同時に、「これまでは高学年の子ども達に助けられてきただけなんだ」と痛感しました。きっと分かりにくい説明があっても「先生はこういうことが言いたいのだろう」と推測したり、子ども達同士で説明し合ったりして私の意図どおり動いてくれていただけなのだと気づいたのです。

この経験から、これまでより「丁寧さ」を意識して子ども達に説明したり、指示したりすることが増えました。そうすると、自分の指導の幅が広がりました。再び高学年を担任した際は、今までよりもさらに子ども達に自分の言っていることが伝わっていることが明らかでした。「丁寧さ」に欠けるという自分の偏りを自覚し、それを補う形で力量を高めていったと言えるでしょう。

ハウツーか理論か

教師に大切なのは具体的な指導技術（ハウツー）か、それとも教科教育学や教育哲学や教育方法学などの理論なのか、という話題においても教師は「極論思考」に陥りがちです。

ハウツー側の主張はこうです。「教師は子どもを目の前にして、指導する役割である。そのため、子どもを変えられてこそナンボのものである。理論だけでは子どもの前では無力である」というようなものです。実質的に目の前の子どもが変わっていくということを重視しています。一方、理論派の主張は「教育は目の前の子どもに合わせて教師が創意工夫して行う創造的な行為である。小手先のハウツーで子どもを変えたところで、その変化にどのような価値があるのかなど教師側に理論がなければかえって危険である」というようなものでしょう。

私は正直言ってどちらの考えも納得できます。そういった意味では中道派なのですが、以前は完全に「理論派」でした。というのも、大学院でずっと教科教育学について研究してきていたからです。理論こそ大切で、教育はハウツーだけでは絶対に成り立たないと考えていました。

私は、大学院では主に「読解力とは」ということを研究してきました。そもそも読解力とはどのような概念でどのような構造になっているのか、ということを考えてきました。そして、現場に出てその研究を続けていこうと思っていました。しかし、現場ではそんな抽象的なことではなく、具体的なこととの連続でした。子どもがケンカした、給食の時のルールはどうするか、宿題を忘れた子にどのように指導するかなど日常的な問題から、国語授業に限っても、どのように音読させるか、どうしたら子どもがやる気を出して考えてくれるか、ノート指導はどうしたらいいかなどという非常に具体的な問題に直面しました。私はこれらの問題に直面して初めて「ハウツー」の重要性を痛感しました。理論だけでは到底「教師」という仕事をこなすことはできないということを感じたのです。

今でも理論が大切、という考えに変わりはありません。しかし、ハウツーあってこそ初めてその理論を実現できるのだと考えるようになりました。教師という仕事にあってハウツーと理論は決して相反するものではなく、ハウツーは理論を具体化するものであるし、理論は教師がハウツーを取捨選択あるいは創造する際の拠り所になると考えています。

教師中心か子ども中心か

実は「極論思考」には、本人には自覚のない「隠れた極論思考」があります。これはどういうことかというと、自分はそうではないと思っているのに、結果的に偏っているということです。しかも、自分で考えている方とは逆に偏っている場合があります。

例えば、授業スタイルの問題で「教師中心」か「子ども中心」かというものがあります。「教師中心」の授業スタイルとは、教師が発問を中心とした指導言で子どもをひきつけ、引っ張っていくものです。一方「子ども中心」の授業スタイルは、子どもの考えを最優先し、子どもから疑問を出させ、子どもの発言を柱として授業をつくっていくものです。

これまで見てきた「基礎か活用か」「内容か形式か」「丁寧な指導か子どもの自主性重視か」という問題は、各論者の意見は置いておいて客観的な目で見ても、どちらが正しいと言えるものではなく、対等な二項対立のように見えました。学習において基礎も活用も大切なのは明らかですし、文章を読み取るのに内容と形式両面からアプローチする方が良さそうに思えます。丁寧な指導ももちろん大切ですが、子どもの自主性を育むのも大切です。このような対等な二項対立の場合、自分がどちらの立場に偏り、極論思考になりがちかは比較的自覚しやすいものです。なぜなら、どちらの立場でもそれなりに正当性はあり、客観的には優劣をつけにくいからです。優劣が決まっていないものなので、自分はどちらの立場かどうかを冷静に見つめ直すことはできます。どちらかに偏っていても良いからです。

しかし、今回取り上げている「教師中心か子ども中心か」という問題においては少し話が変わってきます。明らかに「教師中心」よりも「子ども中心」の方が優れているような印象を受けるからです。例えば、教師一人ひとりに「あなたは教師中心の授業スタイルと、子ども中心の授業スタイルどちらが良いと思いますか」と聞いたら、十中八九「子ども中心の授業スタイルだ」と答えるでしょう。そして、「あなたはどちらの授業スタイルを目指していますか」と聞いたら、これも恐らく十中八九「もちろん子ども中心の授業スタイルだ」と答えるでしょう。そうすると、自分の授業は「教師中心」なのか「子ども中心」なのかを見つめ直す時、どうしても「教師中心などではない！　子どもの意見をたくさん拾っているし、子ども中心なはずだ！」と思いたくなるのではないでしょうか。そうすると、結果的に自分の授業が教師中心になっていたとしても、自分の偏り（極論思考）には気づけないということになります。

かく言う私もそうでした。私は大学から大学院までずっと国語科の読むことにおける発問の研究をしてきました。どのように発問をしたら子ども達が楽しく考えてくれるか、ということをずっと考えてきました。教師になってからもしばらくはそういうことに力を入れて実践をしてきました。この時点では、「普通に授業を進めても子ども達は面白がらない。自分が発問の研究をするのは、子ども達が楽しく考え、たくさんの発言を引き出すためだ。だから、自分は子ども達を中心とした授業づくりをしているのだ」と本気で思っていました。

しかし、自分の所属する研究会とは別の研究会に招かれ、実践発表をした時、その自信は打ち砕かれました。私は、いつものように工夫した発問による実践を発表しました。自分の所属する研究会では、評価の高かった実践です。私は自信満々で発表しました。すると、発表後、次のような意見が出ました。「先生は一生懸命考えているのだけれど、子どもがどういう疑問をもって、それをどう発展させていったのかが全く分からない。先生の独り舞台のように思えた」。私は、こう言われた時、実は非常に怒りが湧いてきました。「子どもが楽しく考えられるために」という思いで発問を工夫し、必死に授業をつくってきたのに、「先生の独り舞台」と言われたのです。何という皮肉でしょう。ほかにも、「あなたのやっていることは教育とは思えない」とか「教育ではなく調教だ」とも言われました。しばらくはその言葉が受け止められずにいました。

それでも、後で振り返ってみると、あの時発表をして良かったなと思っています。あの時言われた言葉によって、自分が「子ども中心」の授業スタイルを目指しながら、思いきり「教師中心」の授業スタイルに偏っていたということが分かったのです。それを最初は受け止められませんでしたが、それから様々学んでいき、本当の子ども中心の授業を参観するなどして、自分の授業スタイルはまさに「教師中心」だったと自覚することができました。冷静になって考えてみると、「発問」という教師から発せられる問いをひたすら研究することは、教師中心と言わざるを得ないという考えに至りました。

ただ、その一方で今まで発問について研究してきたことは、全く無駄ではないとも思いました。発問を研究するということは、教材の特性を掴むということです。教材研究を深めないと発問の研究などできないからです。では、そのような深い教材研究は、「子ども中心」の授業では必要ないでしょうか。もちろんそんなことはなく、むしろ「子ども中心」の授業で進めていく時ほど、教師はさらに教材研究を深めていないと、子ども達の話し合いがとんでもない方向へいってしまうことが多いでしょう。つまり、私が今までしてきたことは無駄ではないのです。今回のこの経験を通して、子どもの思考よりも、教材の論理や教師の教えたいことを重視した授業スタイルをしているということに気づけたのですから、子どもを中心とした授業づくりの仕方を学んでいくことでバランスをとっていくことができます。もしも自分の偏りに気づけなければ、バランスをとっていくことなどできず、教材の論理や教師中心の授業スタイルに偏っている自覚のないまま、「隠れた極論思考」を続けていってしまうところでした。

一斉指導か話し合いか

「隠れた極論思考」はほかにも存在します。授業のスタイルとして、「一斉授業か子ども同士の話し合いか」という問題です。これについても、「教師中心か子ども中心か」と同様、「どちらを目指しているのか」と問われれば、ほとんどの教師が「もちろん子ども同士の話し合いだ」と答えるでしょう。そして、その言葉通り「子ども同士の話し合い」を大切にした授業づくりを意識するのですが、実質的には「一斉指導」に近い授業をしている、ということも珍しくありません。

例えば私は、以前「子ども同士の対話」を研究テーマとしている授業を参観したことがあります。しかし、そこで行われていた授業の実態は紛れもなく「一斉授業」でした。教師が発問をし、それに対して自分の考えをノートに書いて、ペアで発表し合い、全体で数名が発表して、進んでいくという授業でした。研究テーマである「子ども同士の伝え合い」をするための手立てとしては「ペアでの対話」が挙げられていました。「全体では話せない子も、ペアでの対話を入れることで話す機会を保障する」と指導案に書かれていました。しかし、実態は、互いにノートに書いたことを読み上げるだけでした。そこには「対話」は発生しておらず、精々「発表のし合い」でした。その後の全体での話し合いに関しては、全く「対話」ではなく、教師が数名を指名して発表させるだけでした。

本当に「対話」を成立させようとするならば、まずペアでの交流は書いてあることを読み上げて終わりではなく、それについてあれこれ質問し合うなど、話を続けさせなくてはいけません。もちろん、放っておけば勝手に続くのではなく、指導が必要です。教師が、子ども同士で何となく話し合っているように見えるので「対話をしているな」と満足してしまっては「対話」を成立させることはできないのです。また、全体での話し合いに関しても、数名に発表させて終わりではなく、もっと全員を巻きこんで、様々な角度から意見を出させる必要があります。これに関しても、放っておけば意見が出てくるのではないので、全員に対話の当事者意識をもたせるよう指導する必要があります、意見が出そろったら、さらにそれらについて検討していく必要があります。実はこれが難しく、「発表し合って終わった」のか「話し合って深めた」のかの違いになってきます。

このような指導の工夫なくして、ただペアで話し合わせたり、その後全体で意見を出させたりしても、本当の意味で「対話」は成立しません。子ども同士の話し合いで授業をつくっていくのは非常に難しいことなのです。厄介なのは、「ペアでの話し合い」などを入れることで、一応は子ども同士が話し合っているように見えてしまうので、「対話が成立した」と勘違いしてしまい、「子ども同士の話し合い」を重視した授業づくりができていると錯覚してしまうことです。その結果、実質的には一斉授業に終始しているのに、「やっぱり、こうやってペアでの話し合いを入れるなどして子ども同士の話し合いを重視して授業づくりをしていかなきゃなぁ。一斉指導では小学生はついてこられないよ」などと

「隠れた極論思考」に陥ってしまうことがあるのです。

極論思考に陥る要因

ここまで、教育における「極論思考」の具体例についてみてきました。極論思考も様々な弊害をもたらすことが分かりました。それでは、教師が「極論思考」に陥ってしまう要因についてまとめておきましょう。

教師が「極論思考」に陥る最大の要因は、自分の経験と信条からでしょう。自分が研究してきたことや実践してきたこと、これが正しいと信じてやってきたことを誰も否定したくはありません。そのため、正当化したくなり、それと対する主張や考えを真っ向から否定したくなるのです。主義主張を正当化しつつ、「それを信じて取り組んできた過去の自分」をも正当化しようとしているのだと思います。しかも、「子どもの姿」を通して手ごたえを持っていると、この正当化はさらに強固になるでしょう。

この考えからいけば、何かに「こだわり」をもって取り組んできた教師ほど「極論思考」に陥りがちだと言えそうです。こだわってとことん取り組むということは、偏ることの裏返しでもあるからです。逆に、何の「こだわり」もなくやってきた教師は、「別に何が正しくたっていい」という態度で、「極論思考」には陥りにくいとも言えそうです。「こだわり」がなければ偏りようがないからです。

このように考えると、一旦「極論思考」に陥るのはあながち間違いとも言えなさそうです。どっちつかずで中途半端に何の「こだわり」もなく教師歴だけを重ねていく方が力量が上がっていかないでしょう。研究は何かに「こだわる」ことから始まっていくからです。大切なことは、その過程で生じる偏りを自覚し、バラン

「こだわり」と「熱意」をもって取り組んできたからこそ、自分の経験や信条から逃れられないものです

スをとっていこうとすることです。

極論思考の問題点

「極論思考」の最大の問題点は、自分の経験と信条からくる自分の偏りに子どもを当てはめてしまうようになることです。これまで見てきたように、何かにこだわって偏り、極論思考に一旦はなってしまうこと自体は、教師が力量を上げていく過程において間違いとは言い切れません。しかし、そのことに無自覚であると、子どもを自分の主義主張に当てはめるような思考になっていくのです。

最も大切なのは子どもの成長です。自分のこだわりの正当性を証明することではありません。そもそも本来は、研究や自己研鑽は子どもの成長のために行っていたはずです。それなのにいつからか、自分の研究の正当性を主張することが第一の目的になってしまうのです。そういう意味では、極論思考は「手段の目的化思考」とも似たところがあるかもしれません。

さらに、極論思考の厄介なところは、私が「子ども中心」の授業づくりをしていると思っていたのに実質的には「教師中心」の授業づくりになっていた、というような自分は対極に位置していると勘違いしている、「隠れた極論思考」もあり得るところです。こうなると、自分一人の力で自分の偏りを自覚するのはかなり難しくなってきてしまいます。また、一つの研究会に所属し続けているだけでも偏りの自覚をするのは難しいでしょう。長く所属していけば、皆同じような考え、価値観になっていくからです。

極論思考を乗り越えよう

それでは、そのように厄介な「極論思考」を乗り越えるには、どうしたら良いのでしょうか。私は、「極論思考」を乗り越えるには、「目の前の子どもをしっかり見ること」と「勇気を出して一歩外に踏み出すこと」だと考えています。

どんな子どもにも当てはまる「正解」は教育の世界においてはないと思います。それなのに教師側が「これが１００％正解だ」という考えのもと教育活動をしていくと、必ず教師側の「正解」に当てはめようとしてしまいます。そうではなくて、目の前の子どもをしっかり見て、「このやり方は果たして目の前の子どもに適しているのだろうか」と批判的な目をもつことです。そうすれば、自分の「極論思考」を排すことができ、時にはこれまでの自分の実践を捨て、目の前の子どもに合わせて新たな実践を創っていくこともできるでしょう。このことは、決して今までの自分の研究や歩みを「否定する」ということではありません。これまでの自分の研究成果や実践、経験などは紛れもなく自分の「強み」です。しかし、それにいつまでもこだわっていると目の前の子どもが見えなくなってしまうのです。ですから、これまでの

勇気をもって、一歩外に踏み出しましょう！
目の前の子どもを見れば勇気が湧いてくるはずです

自分や研究成果などは「否定」しないが、常に「批判的」な目をもっておくのが良いと考えています。その上で、我々は実践者ですから、目の前の子どもを最優先に、よく見ていきたいです。

このように気をつけてはいても、無自覚に、かつ自分の捉えとは逆に偏ってしまう「隠れた極論思考」に陥ることもあります。それを防ぐには、「自分の知っている世界」から一歩踏み出してみることです。私自身は、いつも発表をしている研究会とは違う研究会に参加してみて、自分の偏りに気づくことができました。この「隠れた極論思考」は、なかなか自分一人で気づくことが難しく、また自分と考えの近い先生方と学び合っているだけでも気づきにくいものなのです。そんな時には「自分の知っている世界」にはいない他者の力を借りることが有効です。そのような他者に批判してもらうことで、自身の偏りに気づくことができます。初めはなかなか辛かったり、受け入れられなかったりしますが、その経験をうまく自分で消化できた時、必ず一皮むけると信じています。この際、注意することは、先述のように「自分を否定しないこと」です。それまで自分が積み上げてきたものを否定せず肯定的に捉えつつも、常に自分に批判的で自己更新し続けられる教師こそ本当に成長し続けられる教師だと思います。子どもだって、「自分はダメだと思っている教師」にも、「自分は絶対に正しいと思っている教師」にもついていきたくはないはずです。

5 無自己分析思考

無自己分析思考とは

「無自己分析思考」とは、読んで字のごとく自己分析を全くせずに教育について考えたり、教育活動をしたりすることです。「自己分析」というとなんだか難しそうな言葉ですが、「自分はこういう特徴があり、こういう長所があってこういう短所がある」ということと「自分が置かれている状況」を適切に捉えることだと思って頂ければ分かりやすいと思います。主に就活生にとって重要視されることですが、私は教師にとっても非常に重要だと考えています。

巷にあふれる教育技術が羅列されているいわゆる「ハウツー本」を開くと、「こういう時は○○する」とか「こういう子には××すればうまくいく！」などということがたくさん書かれています。

このような情報をたくさん集めるのは大切なことです。ハウツーを全くもたずに子どもの前に立つなど、武器をもたずに丸裸で戦場に立つようなものだからです。ハウツーを集めることは武器を増やすことにつながります。

しかし、果たしてそれだけでうまくいったでしょうか。「こうすればうまくいく！」と謳われていたハウツーを使ってみたら思いの外うまくいかなかった、という経験は多くの教師が経験しているはずです。

本に書いてあるハウツーをそのまま真似したのにうまくいかない……、この誰しもが経験したことのある、いわば「教員あるある」の事象はなぜ起こるのでしょうか。

この原因こそ、本章で取り上げる「無自己分析思考」であると私は考えています。子どもも教師も機械ではなく、人間です。機械であれば「こうすれば必ずうまくいく！」という法則は成り立つ

どうしてうまくいかないのか、しっかりと分析していますか？

でしょう。しかし、教育が機械同士でなく人間同士の間で行われるものである以上、その人間同士の「関係性」によって成否が左右される側面が非常に大きいのです。そのため、その「関係性」の大元である「自分」を適切に把握しなければ、打つ手打つ手が空回りすることも珍しくありません。しかし、そのうまくいかない原因が「自己を把握していないから」だとはなかなか気づくことができません。

このように、「無自己分析思考」は自分のことを分析し、適切に把握していくことを放棄し、教育活動にあたってしまうことを指します。私が特に「無自己分析思考」に陥ったのは教師になって二年目の年です。これ以降は私の教師二年目の経験をもとにした具体例を見ていきましょう。

「モグモグタイム」をやってみたが……

教師になって二年目、書籍か雑誌を見て知った「モグモグタイム」を採り入れてみました。給食の時間にたくさんのトラブルが起こるとその記事には書いてあって、一定の時間はお喋りなしで食べることに専念する「モグモグタイム」が、それを防ぐのに有効だと推奨されていたのです。確かに、教師一年目の時、給食時間に騒がしくなってしまうことを少し私は気にしていました。そのため、二年目になった時は、「給食中に落ち着いて過ごせるようにしたいな」と考え、「モグモグタイム」をやってみることにしました。

このような背景で二年目の私は「モグモグタイム」をクラスで取り入れてみることにしたわけですが、この実践は私には合っていませんでした。そもそも、私は給食時間は「子ども達がみんな楽しめる時間にしたい」と考える方でした。ですから、「モグモグタイム」を導入してみて、自分自身が給食中の「シーン」とした空気に違和感をもってしまったのです。子ども達は授業も頑張ってくれている、給食の後の掃除も一生懸命やってくれている。それなのにこの楽しいはずの給食の時間に、友達とも話をできず「シーン」とした中で食事をさせるのは果たして正しいのだろうか……と思うようになっていきました。担任である私が一旦そう思ってしまうと、「モグモグタイム」のルールを徹底できなくなっていきます。「モグモグタイム」中なのにお喋りをする子がもちろん出てくるのですが、私はそれを注意する気になれませんでした。「そりゃあ話したいよな」と共感する自分がいたのです。そうなってくると、もう「モグモグタイム」は全く機能しませんでした。一応、年度初めは「いただきますから10分間はモグモグタイム」と決めてはいたのですが、数か月経つ頃にはほとんどそのルールはないに等しいものとなっていました。そして、私はもうそれでいい、と考えてもいました。給食中に子ども達の楽しそうな笑顔が見られるようになったからです。このことは良いのですが、「教師が自分で決めたことを貫けずグダグダになってしまう」ということ自体は良くないことです。子どもにとっては、「あれ、先生あれだけ言っていたこと、もうやらなくていいのかな」と不信感が生まれるきっかけともなり得ることだと思います。ですから、私はこの時は正直に子ども達に「みんな、先生は給食中にみんなに落ち着いて食べてほしいと思っていたからモグモグタイムをやろうって言ったけれど、どうだろう、こんなルールなくても、楽しくマナーを守って食べられそうだよね。みんなで楽しくお話ししながら食べることにしようか」と話をしました。すると子ども達も「その方がいい!」とすぐに同意してくれました。私は「そうだよね。先生もその方がいいや。途中で変えてごめんね」と謝りました。

こうして私はどこかで聞きかじった「モグモグタイム」を導入し、すぐに挫折しました。

もちろん、この「モグモグタイム」実践自体が悪いということではありません。私自身の考え方ややり方に合っていなかったということです。自分自身に合っていないから、途中で違和感をもってしまったり、続けるためのモチベーションが続かなかったりして途中でうまくいかなくなってしまったのです。本などから得てきたハウツーを自分の教室でも試したが、どうもうまくいかず全く結果が出ないうちにやめてしまう……、こうしたことは、教育界で多く起きているのではないでしょうか。私は、この原因がハウツーを採り入れる教師が自分自身のことをしっかり把握していない「無自己分析思考」だと考えています。この「モグモグタイム」の例をとってみても、それは明らかです。私の考え方に合っていないのに「モグモグタイム」を安易に取り入れてしまったから、うまくいかず、子ども達を振り回すことになってしまったのです。

そもそも、私は自分が「給食時間は楽しく過ごさせてあげたい」と考えていることくらい、自分で分かっていたつもりでした。それなのに「給食時間が騒がしいなぁ」と気にし、「モグモグタイム」を導入することになったのはなぜでしょうか。それは、恐らくほかの先生方の目を気にしていたからだと思います。私はきっと「クラスが騒がしくなってしまったら、ほかの先生から、あの先生は大丈夫かな、と思われてしまう……」と考えていたのだと思います。こういったことは、後になった今だから分かります。当時は無我夢中で仕事をしていただけです。無我夢中で仕事に取り組み、知らず知らずのうちに他者の目を気にして、自分に合っていないやり方を採り入れて行ってしまう「無自己分析思考」に陥ってしまっていたのだと思います。

このように、自分をしっかり把握せず教育活動にあたることが「無自己分析思考」ですが、他者の目を気にすることでさらに拍車がかかってしまうことがあるのです。

「こわい先生」でいようとしすぎて……

今振り返ると、私は、教師になって二年目はとにかく「子どもになめられてはいけない」と考えていたように思います。「自分が子どもになめられたら、学級がうまくいかなくなってしまい、周りに多大な迷惑をかけ、自分の評価もガタ落ちしてしまう……」きっと私はこんな風に考えていたのでしょう。初任の年は、子ども達ととにかく遊ぶことを心掛け、それが功を奏していました。子ども達と距離が近く、一人ひとりとの関係もとてもうまくいきました。しかし、心のどこかでは「こんなに友達のような親しみやすい感じで良いのだろうか」という疑問はいつももっていました。こんなにうまくいったのはたまたまクラスの子ども達が良かっただけで、来年はこんなにうまくいかない、同じようにやったらきっとなめられてしまう……、こんな思いをもっていました。

ですから、2年目の私は「こわい先生」でいようとしていました。この時期読んだ本でも、教師が子ども達をしっかり統率すべき、という内容や良くないことをしている子には毅然とした態度で接するという内容などが、特に印象に残っていました。「やはり、一定の厳しさは必要なのだ」と当時の私は考え、今振り返ると、教師が子どもに厳しく接することでしっかりクラスをまとめていくという主旨の教育技術だけを集めていた気がします。また、教育実習でお世話になった指導教官の先生にも実習中、「もし教師になったら、年の初めは特に、子ども達にとってこわい先生でいるべきだよ。後からいくらでも緩めることはできるけれど、最初から緩めていて後から厳しくすることはできないよ。そうすると子どもが好き勝手していても厳しく叱れなくなってしまうよ」というアドバイスを頂いていました。そのことも相まって、私は2年目こそ、「こわい先生」でいよう、という思いをますます強めたのでした。

かくして「こわい先生」であろうとしていた2年目の私ですが、そのおかげかどうかは分かりませんが、授業が成り立たなくなるような学級崩壊はせずに済みました。しかし、今振り返ると子どもと距離が遠ざかりすぎてしまっていたなと反省します。もっと子ども達一人ひとりと信頼関係を結び、親しまれるような関係性を築けたら子ども達にとってより良い担任であることができたのではと思うのです。しかし、現実はそうではなく、子ども達と私の間には距離ができてしまっていました。その証拠に、子どもの本音があまり聞かれませんでした。別に私が言うことに誰も文句は言わないのですが、「やる気を出して取り組む」という感じは全く見られませんでした。結果的に、とにかく子どもと遊んで同じ目線で接していたような初任の年の方が、「こわい先生」でいようとしていた2年目よりもうまくいっていました。

私は、そうなった原因をよく考えてみました。なぜ、本で読んだ通りに、教育実習でお世話になった先生から言われたアドバイス通りに「こわい先生」でいようとしていたのにうまくいかなかったのだろう、「こわい先生」でもうまくいっている先生はたくさんいるのに自分はなんでうまくいかなかったのだろうと考えました。そして私は、「こわい先生」でいようとするという方針が「私に合っていなかった」のだという結論に至りました。よく考えてみれば、当時の私は子ども達にとって、若いとはいえ、スポーツを長年やっていた割と長身で少し無愛想な「男性教師」です。その教師が「なめられないように」とか「こわい先生でいよう」とか思って接してきたらどうでしょう。小学生からしたら多くは「こわい」「近寄りがたい」と思ってしまうのではないでしょうか。だから、子ども達は反抗こそせずとも、決して心から納得して私の言うことに耳を傾けているわけではなく、「こわいから」言うことを聞いているというような状況になっていたのではないか、と私は考えました。このように考えると、私に対して本音を言わないことや文句は言わないがやる気も感じられないというような、二年目の私のクラスの状況に全て納得がいきました。そして、初任の時うまくいったのは、そんな一見「近寄りがたい」自分が一生懸命子ども達に近づこう、近づこうとしたからこそ、ちょうど良い距離感の関係性が築けたのだとも考えました。考えてみれば、初任の年、子ども達と少し距離が近いかなと反省しつつも、なめられてしまって指導が入らないということは全くなく、むしろ厳しく言わずとも子ども達はよく私の話を聞いてくれていました。子ども達からすれば、慕っている私に少し叱られただけで心に響くということだったのかもしれません。いずれにせよ、私にとっては、「子どもに近づこう」と一生懸命努力して「ちょうどいい」ということだったのだと思います。

もちろん、「こわい先生でいるべき」とか「教師が子どもをしっかり統率する」とか「最初は特に厳しく」とかこういったアドバイスや教訓がぴったりと当てはまる人もいます。子どもと距離が近づきすぎてしまう若い先生や一見おとなしそうな先生、黙っていても子どもが寄ってくるような親しみやすい先生は、少し意識的に子ども達と距離を取るような、こういったアドバイスが合うのかもしれません。一方、私のように一見近づきにくかったり、親しみを持ちにくかったりするような先生の場合、意識的に「子ども達に近づこう」とすることが大切だと思います。

つまり、誰にでも当てはまるアドバイスや教訓などないということです。「自分はどういう教師（人間）か」「子ども達の目にはどう映るのか」ということをしっかり考えていき、それに応じて取捨選択していく必要があるのではないでしょうか。そして、この「自分はどういう教師（人間）か」や「子ども達の目にはどう映るのか」を把握していくことこそ「自己分析」なのです。

自分が置かれている状況の分析も

こういった自分自身の分析に加えて、「自分が置かれている状況」の分析も重要です。教師にとっての「自分が置かれている状況」とは、受けもつ子どもの状態や勤務校の状況などです。こういったことを分析せずに良い教育活動をしていくことはできません。

まず、子ども達の状態にあった指導をしなければ、効果はありません。例えばいくら子ども主体の授業がいいといっても、子ども達が自分達で学習を進められるように育てていなければ、子ども主体の授業など成り立ちようがありません。子ども達が自分の意見を言えないような状態なのに、子どもの発言で授業をつくることなどできません。子ども達にじっくり考えさせる授業をしたいからといっても、席につけない子達が多い状況では考えさせるどころの問題ではありません。

これらの場合、理想はもちつつ、それに至るまでのプロセスこそ考えて実行すべきなのです。いきなり子ども主体の授業が成り立つわけはありませんが、その理想形に近づいていくにはどういったプロセスがあるのかを自分の頭を使ってよく考えるのです。その上で、子ども達の現在の状態をよく見取り、分析していき、手を打っていくようにしなければなりません。そうではなく、「子ども主体の授業では子ども同士で指名する」とか「子どもが板書する」などという小手先のハウツーばかり採り入れてもうまくいくはずがありません。

また、こうした子ども達の状態の分析だけでなく、勤務校の状況もよく分析しなければなりません。子どもが授業を進め、子ども主体の授業を展開している学校は、学校全体でそういった授業を共通理解し、学校全体をあげて取り組んでいることが多いものです。例えば富山県の堀川小学校や奈良県の国立奈良女子大学附属小学校などです。こうした学校には、学校全体で授業のスタイルや育てる子ども像を徹底して共通理解を図り、それが何十年も受け継がれてきた伝統があります。私もこの二校は訪問・見学させて頂きましたが、子ども達の育ちと共に、先生方の「共通認識」や「伝統」を強く感じました。こういった学校や所属する教師の取り組みは大いに参考になりますが、それを自分が勤める一般的な公立校にそのまま持ち込もうとするのはかなり難しいとも思います。子どもを一人の担任が一年間育てることには限界があるからです。学校全体で共通認識と伝統のもと育てられた子ども達を見て、自分の学級にそのまま当てはめてしまうと、教師にとっても、子ども達にとっても苦しいことが増えるでしょう。どうしても子どもに無理を強いることが増えてしまうと思うからです。この場合も、それを「理想形」や「目指す姿」として捉え、自分の所属校で目の前の子ども達がそれに近づいていくにはどのようなプロセスをたどれば良いか、そして今どのような手を打つべきなのかを考えていけば良いのです。

ですから、こうした学校の授業スタイルや子どもの事実を見て「すぐにうちでも取り入れよう!」とすぐ真似することや、その反対に「こんなのうちでは無理に決まっているよ。この学校でこの子達がだからできるんだよ」と最初からあきらめてしまうのは、どちらも間違っていると思います。現在の学校が、職員間でどのような共通認識をもち、どのような伝統があり、どのような子ども達が集ってきている学校なのかをよく分析し、その上で理想に近づいていくために、状況に適した手を打っていくことが重要なのです。

無自己分析思考に陥る要因

ここまで、主に私の二年目の経験を振り返りつつ、「無自己分析思考」について紹介してきました。

それでは、なぜ教師は無自己分析思考に陥ってしまうのでしょうか。具体例にも少し出てきましたが、「他者の目」を気にすることが大きな原因だと私は考えています。そもそも、教育における「自己分析」とは、教師が自分自身の考え方や特徴について深く掘り下げて考え、掴んでいくことでした。教育活動が教師である自分という一人の「人間」が子ども達というこれまた「人間」に対して行うことである以上、「○○したら絶対××になる」という機械的なことはあり得ません。そこには、教師の考え方、特徴、子ども達の特徴、状態等が深く関わってきます。その中でも、教育活動を行う側の教師が自分自身の特徴をしっかりつかんでおくことは非常に重要です。しかし、ここに「他者の目」、つまり「他者の価値観」や「他者の意見」が入ってきてしまうと、自分へ向いていたベクトルが一気に他者に向いてしまうのです。先述の例でも、私は「給食時間は子ども達に楽しく過ごしてもらいたい」と考えており、そしてそれを自分でも自覚しているはずでした。それなのに、「騒がしくなってしまったら、ほかの先生から心配されてしまうのではないか」などと他者の目を気にし始めたことで、元々もっていた自分の考え方を忘れ、他者の目基準で物事を考え、実践していくようになってしまったのです。これでは、教育実践を行うのは自分でも、その実践の大元は自分の考えではなく、他者の考えであるという齟齬が生じます。そんなちぐはぐの状況では結局良い実践ができるはずもあ

他者の目を気にしすぎると、自分の判断基準を失ってしまいます

りません。教師が考えていること、本当に大切だと考えていることと、実際に行っていることが違うからです。このような背景から「ハウツーを採り入れてみたはいいけれど、うまくいかない」という「教員あるある」が生まれるのだと思います。

もちろん、本来自分がもっている考え方が正しいとは限りません。それに先輩などの意見から自分の価値観を大きく変えてもらい、成長することもたくさんあります。学習指導要領の改訂などに伴い、教師自身の考え方を改めなくてはいけないことだって当然ありま す。「他者の目」が重要な時は多く存在しますが、それに囚われすぎて、「自分」を見失ってしまうと、つまり「無自己分析思考」に陥ってしまうと、「他者の価値観」が全てになり、目の前の子どもと自分という生身の人間対人間の創造的な実践はできなくなっていってしまうのです。

無自己分析思考の問題点

「無自己分析思考」の問題点は、「成果が出にくい」ということです。教師自身の考え方や特徴に合わず、目の前の子どもの状態を含めた教師が置かれている状況に合わない実践をするわけですから、成果が出なくて当然です。厄介なのは、このジレンマに気づきにくく、自覚しにくいということです。「〇〇すべきと本に書いてあったからやったのに、あの本はインチキだ」と本のせいにしたり、「先輩にアドバイスされてやっているのにどうもうまくいかないしやっていて楽しくない。先輩は間違っているのではないか」とアドバイスした人のせいにしたり、「ほかの先生はあのやり方でうまくいっているらしい。それなのに自分はなんてダメなんだ」と自分の力量のなさのせいにしたり、はたまた「本に書いてある実践をしたのにうまくいかない。なんて力のない子ども達なんだ」と子どものせいにしたりしてしまうこともあるでしょう。このような思考になってくると、本を読んだり授業を見に行ったり、先輩から学んだりしても、「どうせ自分のクラスではうまくいかない」と学ぶことに対して諦めてしまいやすくなります。本当はそのどれも原因ではなく、教師である自分自身や、自分が置かれている状況に適していないことが原因かもしれません。

無自己分析思考を乗り越えよう

「無自己分析思考」を乗り越えるには、自分の教育に対する考え方について深く考え、自分なりの哲学をもつことです。「給食は静かに食べるべき」「教師はこわい存在であるべき」「授業は子ども主体であるべき」「子どもの発言で授業をつくるべき」などという誰かが主張する「べき論」は一旦置いておき、自分の大切にしていること、教育に対する考え方を深く掘り下げて、それを実践していこうとするべきです。

もちろん、その自分なりの「考え方」や「哲学」は本当に正しいか精査していくことは欠かせません。教育基本法や学習指導要領に照らし合わせて間違っていれば、それは公立学校に勤務する者としては失格です。いくら自分なりの考え方を、と言ってもこの点は外してはいけません。そうでなければただの独断と偏見になってしまいます。

自分の教育に対する考え方について深く考えるとともに、「自分はどういう教師なのか」ということについても分析していきましょう。例えば「自分は子どもが寄ってくる教師かそうでないか」「自分は授業が得意なのかそれとも学級経営が得意なのか」「自分は子どもからどのように見えるのか」などといったことをしっかり考えていくことです。そうすると、その傾向に合わせて自分が学んだ教育技術や先輩からのアドバイスを取捨選択していくことができるでしょう。自分の特徴に合った教育実践ができ、効果も出やすいと思います。自分の外側にばかり正解を求めず、まずは自分を知り、「自分」をフルに生かすことを考える方が良い授業、良い学級経営ができるはずです。その上で、「自分」だけでは幅が狭く、対応しきれない子もいるということを自覚し、徐々に「自分」の外のことも取り入れていく、くらいのスタンスで良いのではないでしょうか。

まずは自分自身と向き合いましょう

また、自分自身が置かれている状況を正確に把握していくことも重要です。何より大切なのは、目の前の子ども達の状態です。目指している子ども像に対して現在の子ども達はどこまで到達しているのかということなどを細かく分析していきます。そうすれば、どこかで聞きかじった「○○すべき」というような教訓に振り回されることはなくなり、目の前の子どもに合った手を打つことができます。そして、学年全体や学校全体の風土や子どもの傾向についても分析していくと、より地に足のついた実践を行えるでしょう。

6
学校内価値
過大視思考

学校内価値過大視思考とは

「学校内価値過大視思考」とは、主に学校内でのみ通用する価値を、過大視してしまうことです。学校内で価値があるとされているからと言って、学校の外、つまり卒業してからもそれがそのまま有効とは限りません。学校という場所はいい意味でも悪い意味でも、現実社会とは少し違う場所なのは確かです。ですから、その学校にうまく適応できなかったからと言って、大人になって社会で活躍できないということは全くありません。私の個人的な感覚からすると、学校に適応できなかった子の方が社会に出た時に活躍することすらあると考えています。

例えば、かのエジソンは学校にうまく適応できず、小学校を退学させられたというのは非常に有名な話です。エジソンだけでなく、歴史上に名前を残すような偉業を達成したような偉人の多くが、何らかの発達障害をもっていたとするような論説も多くあります。発達障害があり学校のシステムになかなかなじめなくても、ほかの人より集中力があったり、行動力があったりすることで、社会で抜きんでた結果を残すことも少なくありません。

私は、身近にもそういう人がいます。私の高校時代からの親友は、小学生時代、どうしても椅子に座っていられず、当時の担任から叱られることが多かったそうです。ひどい時には椅子にひもで縛りつけられていたそうです。大学時代に受けた検査では「ＡＤＨＤの疑い」とされたそうですが、小学生当時にあまりその概念は広まっていませんでした。そのため、小学校になじめず彼曰く「散々な思いをした」そうです。しかし、彼には誰にも負けない行動力がありました。自分でやると決めたら何があってもやり通す力がありました。大学時代、中国とアメリカに留学し、中国では大手企業でのインターンも経験。そのまま働いてくれ、とのオファーを蹴って帰国し、就職活動を始め、ＧＡＦＡのうちの一つの企業に入社しました。私達は、高校から大学と同じ学校で過ごしたのですが、新卒でその企業に内定したのは大学初の快挙でした。小学生時代、椅子に縛りつけられていた子どもが、ここまで成長するとは、誰が考えたでしょう。私にとって彼は、私が小学校で教師をする上で「教育とは何なのか」を考えるための非常に大きな存在になっています。

もちろん、これらは一概には言えません。学校に常に適応してきて、そして社会に出てからもずっと活躍するという方ももちろんいます。我々教師が頭に入れておくべきことは、学校にうまく適応できなかったからと言ってその子の可能性がないわけではないということです。むしろ、型にはめようとしているのは学校側、つまり自分なのではないか、という恐れをもつことが必要だとも思うのです。

教師が言う「育った」は本当に成長か

よく、教師がクラスの子どもの成長を指して「育った」と言うことがあります。しかし、その「育った」の内実は本当に成長でしょうか。例えば、「ノートを取るようになった」「席に座っていられるようになった」「発言の仕方が定着してきた」「言うことを聞くようになった」など教師の期待通りの行動を子どもがするようになった時、教師は「育った」という言葉を使いますが、果たしてそれは子どもの一生というスパンで見た時、本当に「成長した」と言えるかどうかということです。

今までノートを書かなかったのが黒板を写せるようになった、というのはもちろん担任にとって大きなことかもしれません。しかし、例えば「書かないと授業終われないよ」とか「ここだけでいいから書いて」などと指示するなどして、言われるがまま黒板に書いてあることを写すということに、学習としての意味はほとんどありません。むしろ、私からすると「教師」という子どもからすると非常に大きな「権力」の前でも自分が興味をもてないことに関しては「やらない」という選択を取れることには、強い「自主性」を感じます。こういう子は、自分が興味をもったことに関してはとことんやる、教師が「もう終わりにしよう」と言ってもやる、というくらい集中するものです。教師が「やる気にさせられていない」ことが問題です。それなのに、「授業終わらないよ」と脅したり、「ここだけでいいから」と譲歩したりして、「黒板を写す」という「行為」だけをさせてもほとんど意味がないのです。むしろ生涯というスパンで見たら、その子にとって大きな武器となる「自主性」を、教師のやり方に屈服させる形で、損なうようなことにもなるのではないでしょうか。黒板に書いてあることをただ「写す」だけなら、社会生活であれば、スマホやタブレット等で写真を撮るだけで事足ります。何よりも大切なのは「自分の頭で考えること」であり、それなしに「黒板を写す」＝良い子というのは、学校の中だけで通用する価値観だと思います。

ほかのことも同様です。その「行為」だけを教師のやり方に屈服させる形で行わせても、それは「成長」ではなく、教師のやり方に「染まった」だけの可能性はないでしょうか。我々は今一度このことを見直してみる必要があると思います。

「早くできる」ことだけが良いことか

学校内価値として「早くできる」＝良い子というような風潮もあります。我々教師は、どうしても子どもを動かさなくてはいけない時が多々あります。ですから、こちらの指示通り、「早く」行動してくれる子を褒めがちです。もちろん、「早く行動できる」というのは全く悪いことではありません。むしろほとんどの場合、良いことでしょう。しかし、「早くできる」ことばかりを推奨していては、「じっくりやる」とか「いったん手を止めて自分の頭でよく考える」といった行為は暗に「良くないこと」だと子どもに伝えてしまっているようなものです。

私も若手教師の頃、「早い子」を褒めてばかりいました。すると子ども達もテキパキ行動してくれるようになりました。しかし、「質」の面に目をやるとそれはずさんなものでした。掃除などは決められた行程を終えるのは早いのですが、ごみがたくさん残っていました。図工の時など、「終わりました！」とすぐにもってくるのですが、雑な作品が多くなってしまっていました。当時は、そのことに気づきはしていましたが、それがなぜなのか分からずにいました。今振り返ると、私が原因だったのだと思います。子ども達は「先生は、質をあまり求めないから、とにかく終わらせればいいや」というような考えだったのでしょう。

そのような中、「じっくり」と物事に取り組む

「早くできる子」を思わず褒めていませんか？

子もいるにはいました。本当にそのような性質の子達です。今考えると、そのような子達は肩身の狭い、居心地の悪い思いをしていたはずです。中には、「本当はもっとこだわってやりたいけれど、先生もみんなも急いでいるから、これくらいで終わらせてしまっていいか……」などと無理に合わせようとしていた子もいたかもしれません。

子ども達が社会に出て、もちろん「早さ」が求められることもあるでしょうが、その割合はどんどん減っていき、「質」や「独創性」の方が求められるようになっていくと思います。それは、私の経験からも、簡単な業務は全てＡＩがやってくれるようになってきている社会情勢からも言えることだと思います。

もちろん、「早さ」と「質」は必ずしも相反することではありません。同時に達成していく子もいるかもしれません。しかし、多くの子にとってそれは難しいことです。子どもは教師のやり方に順応してくれることが多く、その反面「染まって」しまいがちです。学校内価値過大思考に陥り、「早さ」ばかりを求めて、本当にその子の良さである「じっくり」と取り組めるところ、「自分でよく考え」られるところなどが消えてしまうのは、その子の生涯にとって大きな損失になってしまうのではないでしょうか。

このように考えるようになってから、私は子ども達に与える課題に「幅」をもたせることにしました。例えば計算問題では、全員が同じ量をやるのではなく、10問、8問、5問、2問などと問題数を設定し、自分で選択させました。そうすれば、じっくりと問題を解きたい子は少ない問題数を選択すれば、じっくり問題に取り組むことができます。また、図工でも「たくさんつくる」コースと「じっくりつくる」コースを選択させました。「たくさんつくる」コースの子は、時間内であれば何枚でもつくって良いとし、「じっくりつくる」コースの子は、時間内に1枚仕上げれば良い、としました。これらの実践の良いところは、「早さ」に特長がある子も「じっくり」に特長がある子も、それぞれの良さが生かせるということです。早い子はたくさんつくった中から一番良いものを選んで提出することができるので、結果として「質」も悪くないですし、じっくりな子は早さを求められることなく、じっくりと「質」にこだわって取り組めるからです。

先生の言うことを聞けることが有能な証なのか

元来、大人の言うことを素直に聞ける子が「良い子」だとされてきたように思います。私も子育てをするようになり、遊びをやめてほしい時やお風呂に入ってほしい時、お片づけをしてほしい時などにこちらが言ったことをすぐにやってくれると、思わず「良い子だね！」とほめてしまうことがあります。しかし、果たしてそれが本当に「良い子」なのでしょうか。大人から言われても遊びを続けるくらい強い意志がある方が「良い」とも言えるかもしれません。

これと同様に、学校現場でも先生のいう事を素直に聞き入れ、すぐに実行できる子が「良い子」だと評価され、そうでない子は問題のある子だと捉えられてきているように感じます。私は元々この「良い子」という表現に疑問をもっていました。教育実習の時から現在に至るまで、先生方が職員室でたびたび「あの子は良い子だから」や「本当はみんないい子になりたいのよ」などと口にされているのを耳にしてきました。皆さん何気なく、そして何の悪気もなく使われているのは分かっていましたが、ずっと違和感をもっていました。

まず、「あの子は良い子だ」というと、ほかの子は「悪い子」だということになるのかという疑問です。そんなこと、教師が決めつけてしまって良いのでしょうか。教師などのある意味権威者から言われても屈しないくらいの意志の強さ、こだわりの強さがあるというのは、将来的にその子の武器になり得ることだと思います。教師がその子を納得させるだけの説明ができていないだけかもしれません。自分の意思が強い子は、自分が納得しないと動かないし、反発するものです。しかし、納得して動き出した時のエネルギーは非常に大きなものがあります。そのようなエネルギーのある子を、教師が「学校内価値」の枠に当てはめ、うまく扱えていないだけかもしれません。

また、「良い子とは、教師にとって都合の良い子」ではないかという、さらに根本的な疑問もあります。教師は、子ども達40人弱の集団を1クラスとして受けもち、指導していかなくてはいけません。その中でどうしても、私の子育てでの経験同様、自分の言うとおり動いてくれるような子を「良い子」だと捉えがちなのだと思います。やはり、自分の言ったことを素直に聞き入れて、すぐに実行してくれると、指示を出している側としては気分が良いものです。これは認めなくてはいけないことです。自覚していくことが大切です。

果たして「人から言われたことをすぐできること」はそれほど本当に重要なことでしょうか。確かに、指導する立場から言われたことを素直にやろうとすることは、生きていく上で大切であり、それが全くできないと今後困ることが増えてしまうでしょう。ただし、「言われたことさえやっていれば良いのだ」という考えになってしまっては、それはそれで今後困ることが非常に多くなるはずです。いわゆる「指示待ち人間」などと揶揄されるように、誰かの指示がなくては動けないようになってしまうからです。もちろん、多くの教師が言う「良い子」が皆そうだというわけではありませんが、教師は、自分の「学校内価値過大視」が原因で「自分の言うことを素直に聞ける子」を推奨し、結果として「指示待ち人間」を増やしてしまっていないか、省みる必要はあると思います。「○○しなさい」「○○するのはいけません」などと、常に直接的な言葉で教師の思いを伝え、それを素直に受け入れ、実行できる子だけを褒め続けていては、子どもは自分で考えずに「とにかく先生に言われたことをやろう」という思考になってしまいます。とは言え、教師がクラスの子どもを全く動かさないなんてことはあり得ません。ではどうすればいいのでしょうか。私は、少しでも「子どもに考える余地を与える」ことだと思います。

私は、注意点などを子ども達に話をする時も、「みんなはどう思う？」とか「こういう時はどうしたらいいかな？」などと、尋ねるようにし、なるべく自分の考えをすぐに直接的に言うことは避けています。子ども達に自分の頭で考えさせるようにするためです。子ども達から出なければ、教師が言えばいいだけです。また、私がある程度の時間、内容に関わらず話をした時は、必ず「質問のある人？」と尋ねるようにしています。よく考えながら聞いていると必ず「これってこういうことですか？」とか「先生はこう言いましたが、これでもいいのですか」とか「なぜそういう順番でしなくてはいけないのですか」などと子ども達から質問が出ます。私も話をする前にある程度構想を練っていますが、それでも完ぺきではないことも多くあります。そのため、子ども達から質問を受け、それに答えることで一緒に合意形成を図っていくのです。一方的に「○○しなさい」「○○するのはいけません」と伝えてしまう時よりも、「これってどういうことかな、あとで質問しよう」と考えながら子どもは話を聞くので、私が言っていることを自分の中で咀嚼しながら自分の頭で考えるようになっていきます。時には、私は「こういう質問が出るように、話のこことをわざとカットして話してみようかな」などと、あえて質問が出るように話す時すらあります。例えば、いつもは言うのに「時間は何時までか言わない」とか「今日は最低限どこまで進めればいいか言わない」などです。すると、子どもからそれらに関して質問するようになっていきます。これも、出なければ「大事なことを聞いていないと思うけれど、質問しておかなくて大丈夫？」と尋ねて気づきを促すとか、それでも出なければ付け加えて伝えるなどすればいいだけです。

このように、ほんの少しの工夫で「指示待ち」ではなく、自分の頭で咀嚼できる力を育てることが出来ると私は考えています。そのためにも、教師自身が「学校内価値過大視思考」に陥っていないか自分自身を省みていく必要があると思います。

学校内価値過大視思考に陥る要因

それでは、教師はなぜ「学校内価値過大視思考」に陥りがちなのでしょうか。それは一見すると単純に、学校の中にいる時間が長いからだと思えます。多くの教師は大学を出た後すぐに教壇に立ちます。自身の学生生活はもちろん学校で過ごしていますから、その後ずっと教師を続ければ、一生をほとんど学校の中で過ごすことになってしまいます。それでは学校の中での価値観に染まらない方がおかしいとすら言えるかもしれません。

しかし、それなら大学を出てすぐに教壇に立った教師は全員が「学校内価値過大視思考」に陥ることになってしまいます。また、社会人経験をした教師は「学校内価値過大視思考」には陥らないということにもなります。現状、そのどちらも間違っているような気がします。大学を出てすぐに

狭い視野の教師のもとでは、子どもはのびのび過ごすことができません

教師になっていても「学校内価値過大視思考」に陥っていない教師もいれば、反対に社会人経験をして教師になっても見事に「学校」の価値に染まりきっている教師もいるように思います。

結局は個人の「視野の広さ」によるのではないでしょうか。学校という狭く、閉ざされた空間の中の、さらに狭い「クラス」という単位で子どもとのみ接する教師という職業。どうしても視野が狭くなってしまいがちです。これは悪いことばかりではありません。目の前の子どものことを真剣に考えるということは、その子のことをよく見、常に考えるということで、必然的に視野が狭くなることだからです。視野を狭くしなくては、よく見ることなどできません。ただし、教師にとっては、それだけでは不十分だということでしょう。視野を狭くして子どもをよく見つつ、同時に、自身の視野や見解を広げていこうとする努力が求められるのです。

学校内価値過大視思考の問題点

「学校内価値過大視思考」の問題点は、教師が躍起になって子どもに押しつける価値が何の役にも立たない可能性がある、ということです。そもそも価値を押しつけること自体がダメだ、という指摘もあるでしょうが、教育において指導者が何の価値も子どもに押しつけないということは事実上ほぼあり得ません。我々教師の言動一つとっても、それは暗に子どもに自分の価値観を提示し、受け取らせているのです。教師はまずこれを自覚しなければなりません。「ヒドゥンカリキュラム」とも呼ばれます。

その上で、「学校内価値過大視思考」に陥った教師の価値観は、文字どおり学校の中だけで通用する価値観になってしまっています。それを押しつけられた子ども達は、それに適応して染まるか、非常に苦しむか、してしまいます。適応して染まりきってしまった子は、そのせいで自分の特性を損なったり、実は社会に出て困ることが多かったりしてしまうかもしれません。一方、学校内価値になじめず苦しむ子は当然学生時代、嫌な思い出を積み重ねることになってしまうかもしれません。どちらの場合も結果的に苦しめてしまうことになります。

学校内価値過大視思考を乗り越えよう

最後に「学校内価値過大視思考」の乗り越え方について考えておきましょう。これに関しては、私もずっと学校の中で過ごしてきた人間ですから正直言って正しいのかは確信がありません。今のところでの考えを述べたいと思います。

まず、読書の幅を広げることです。教育の世界にいると、どうしても教育書ばかりを読んでしまいがちです。やはりそれも視野が狭くなる要因の一つです。たまにはビジネス書を読むのもいいと思いますが、最も良いと思うのは「文学」です。文学は流行に左右されず、その多くが「人間」がテーマにされているからです。結局、人間についての視野を広げていくことが重要だと思います。その上、私の尊敬する、視野の広い先生方の多くは文学にも親しんでいる印象があります。

また、教育関係者以外の友人と定期的に会い、語り合うことです。私も、本章冒頭に紹介した親友とは年に数回は必ず忙しい合間を縫って会い、互いの現状や今考えていることを語り合うことにしています。教師を長年続けていると、付き合う人も教育関係者ばかりになってしまいがちですが、そうではない方々との付き合いを大切にしていくことが、自分の視野を狭いままにしないために重要だと思います。

さらに、発達障害について学ぶことです。通常級を担任した際も必ず一定数は発達障害をもつ子が在籍していると言われています。このような子達に寄り添ったり、書籍などから学んだりすることで、かなり自分の視野が広がったように感じます。自分の視野を広げてくれる貴重な存在だと思って接していくべきです。

そして、常に疑う心をもつことです。「学校内価値過大視思考」は視野が狭くなり、学校内価値

視野を広げる複数のチャンネルをもちましょう

を疑わないことから起こります。常に「自分のやっていることは、本当に子どものためになるのだろうか」「自分の押し付けている価値観は、本当に正しいのか」と疑っていくことで、自己更新されていくはずです。

おわりに――「不正解集」の価値とは――

本書は、私の失敗談を中心に「NG思考」を集めた、言うなれば「不正解集」です。一方、巷に出回っている教育書は、「こうすればうまくいく！」などという謳い文句の下、成功した事例を集めているもの、つまり「正解集」がほとんどです。

それもそのはずで、書き手側もできる限りうまくいった事例、つまり「正解」を書きたいですし、読み手も自分もうまくいくと思えるような成功事例、つまり「正解」を読みたいと思うのが普通だからです。私も初任者時代などは、自分もうまくいくようにと、こうした「正解」を集めた本をたくさん買いあさっていました。

わざわざ「失敗したこと」や「こう考えるべきではない」などという「不正解」を集める必要などないように感じられます。しかし、教育の世界のように、「絶対的な正解のない世界」においては、むしろ「不正解」こそ意味をもつのではないでしょうか。

「正解集」は、その著者の力量と目の前の子どもの実態という、特別な状況下で得られた特別な「正解」である場合が多いのです。ですから、他者がそのまま行っても、本に書いてある通りにならないことも多くあります。一方、本書のような「不正解集」に集められた「不正解」は、誰がどんな状況でやっても「不正解」に終わる可能性が高いものです。

このように考えると、本書のような「不正解集」の価値が見えてきます。それは、「不正解」を避けつつ、本書をお読みになられた先生方がご自分なりの「正解」を創っていけるということです。それが「不正解集」の強みです。その強みを生かして、先生方ご自身が目の前の子ども達と「正解」を創り出していって頂ければ、著者としてこんなにうれしいことはありません。

最後に、本書執筆にあたり様々な励ましとご助言を頂いた東洋館出版社の刑部愛香さんにこの場を借りて感謝申し上げます。ありがとうございました。

土居　正博

参考文献

岩下修（1988）『AさせたいならBと言え』明治図書出版
大前暁政（2015）『子どもを自立へ導く学級経営ピラミッド』明治図書出版
大村はま（1973）『教えるということ』共文社
大村はま（1995）『日本の教師に伝えたいこと』筑摩書房
岡本浩一（2002）『上達の法則―効率のよい努力を科学する―』PHP研究所
倉澤栄吉（1984）「国語教育における形式主義・内容主義」田近洵一・井上尚美編『国語教育指導用語辞典』教育出版、p.296-297
高橋俊三監修（2001）『音読で国語力を確実に育てる』明治図書出版
ドナルド・A・ショーン（2007）『省察的実践とは何か―プロフェッショナルの行為と思考』鳳書房
土居正博（2019）『クラス全員が熱心に取り組む！漢字指導法』明治図書出版
土居正博（2020）『イラストでよくわかる！漢字指導の新常識』学陽書房
長崎伸仁監修、香月正登、上山伸幸編著、国語教育探究の会（2018）『対話力がぐんぐん伸びる！文字化資料・振り返り活動でつくる小学校国語科「話し合い」の授業』明治図書出版
深澤久（2009）『鍛え・育てる 教師よ！「哲学」を持て』日本標準
福山憲市（2014）『20代からの教師修業の極意―「出会いと挑戦」で教師人生が大きく変わる―』明治図書出版
藤川和也（2018）「小学校入門期における「聞くこと」の学習指導の研究　平成29年版学習指導要領の改訂を踏まえて」『鹿児島女子短期大学紀要』 第54号 pp.75-79
堀裕嗣（2002）「I「聞くこと」を能動的な行為に変えよう」『聞き方スキルを鍛える授業づくり』堀裕嗣 研究集団ことのは、明治図書出版、pp.11-31
向山洋一（1986）『教師修業十年―プロ教師への道―』明治図書出版
村井実（1976）『教育学入門（上）（下）』講談社学術文庫

著者紹介（2021年2月現在）

土居正博（どい・まさひろ）

1988年生まれ。神奈川県川崎市公立小学校に勤務。創価大学大学院教職研究科教職専攻修了後、現職。全国国語授業研究会監事。国語教育探究の会会員。教育サークル「KYOSO's」代表。季刊誌「教師のチカラ」（日本標準）編集委員。教員サークル「深澤道場」所属。

2015年「わたしの教育記録」（日本児童教育振興財団主催）にて「新採・新人賞」受賞。2016年「わたしの教育記録」にて「特別賞」受賞。2018年「読売教育賞国語教育部門優秀賞」受賞。2020年「優秀論文賞」（国語科学習デザイン学会）受賞。

著書に『1年生担任のための国語科指導法』、『初任者でもバリバリ活躍したい教師のための心得』、『クラス全員が熱心に取り組む！　漢字指導法』（いずれも明治図書出版）、『「めあて」と「まとめ」の授業が変わる　「Which型課題」の国語授業』（分担執筆）、『子どもの「全力」を育てる　国語科指導ことば50』『「繰り返し」で子どもを育てる国語科基礎力トレーニング』（いずれも東洋館出版社）などがある。

教師のNG思考

不正解から考える自分の伸ばし方

2021（令和3）年3月12日　初版第1刷発行
2021（令和3）年4月3日　初版第2刷発行

著　者：土居正博

発行者：錦織　圭之介
発行所：株式会社東洋館出版社
〒113-0021　東京都文京区本駒込5丁目16番7号
営業部　電話 03-3823-9206　FAX03-3823-9208
編集部　電話 03-3823-9207　FAX03-3823-9209
振　替　00180-7-96823
ＵＲＬ　http://www.toyokan.co.jp
装幀：小口翔平＋奈良岡菜摘（tobufune）
イラスト：北川ともあき
本文デザイン・組版：株式会社明昌堂
印刷・製本：岩岡印刷株式会社

ISBN978-4-491-04354-8
Printed in Japan